교회세습

법정에 서다

초대교회부터 13세기까지 교회법 판례 분석

강치원의 광야 소리 4

교회세습

법정에 서다

초대교회부터 13세기까지 교회법 판례 분석

호모 레겐스

강치원의 광야 소리 4

교회 세습 법정에 서다
- 초대교회부터 13세기까지 교회법 판례 분석

초판 1쇄 발행 2021년 6월 21일

지은이   강치원
펴낸이   허은정
펴낸곳   호모 레겐스
등 록   2020년 10월 21일 제399-2020-000045호
주 소   경기도 남양주시 다산지금로 146번길 117, 7511-801
전 화   031) 565-3305

값 10,000원
ISBN 979-11-973837-3-1

차 례

I. 들어가는 아니리

1. 부와 세습에 목말라 하는 시대에 '목사님들, 예수 잘
   믿으세요!'

임이여
저들은 거리에서 헌화하며
부와 세습에 목말라
밤새워 눈물로 기도합니다
줄기찬 부를 가난하다 눈물짓고
자신의 포도주에 취하여
소고치고 춤을 춥니다
...
당신을 사랑한다 찬양하는 저들은
이제 당신의 기적을
자신의 것으로 만들었으며
금을 바라고 은을 탐냅니다
사랑이라 사랑이라 말들 합니다
...
썩어 밀알이 되는 사랑이 아니라
진시왕의 불로초를 맹목적으로

사모하는 찬란한 거리마다

나는 왕이라 외치는 자가 늘고

당신을 파는 자는 어디든 많더이다

당신의 법도 하찮아진 세상

수만의 발길로 수천의 발길로

당신의 얼굴마저 밟히고 짓이겨져

당신의 법과 진리는 이제 보이지 않습니다

...

지금 세상에선 당신을 진정

사모하는 가난한 영혼들은

당신의 굳게 닫힌 성에

문전도 디디지 못하는 비극

당신은 도대체 어디에 계신가요

소화靑火 고은영의 '임의 침묵'이라는 미발표 시의 일부다. 목사가 개척한 교회에서 종종 볼 수 있듯이, 교회가 개인의 소유로 전락하고 있는 곳들이 있다. 그런 교회에서의 신앙고백은 신이 아니라, 신의 가면을 쓴 담임목사를 향하고 있다. 시인은 신의 법과 진리가 아니라, 자신의 포도주에 취한 진시황들의 춤이 절대적 권위를 가지는 괴물의 등장을 유연한, 그러나 서슬 시퍼런 시적 언어로 통렬하게 고발하고 있다.

더욱더 놀라운 것은 한국교회의 '부와 세습'을 한 묶음으로 묶어 세습의 본질적인 한 단면을 날카롭게 지적하는 것이다. 또한 '부와 세습'이라는 어둠의 독버섯을 하늘의 법과 진리로 둔갑시키고, 이를 하늘이 내린 은혜요 축복이라 자축하는 향연에서 신이 아니라, '신을 파는 자'가 교회의 문법을 지배하고 있다는 통찰은 우리의 폐부를 찌른다. 새로운 왕을 위해 신의 추방을 당연시하는 이런 교회에서 신의 자리는 어디일까? 시인은 '고통의 사유'를 하는 자들의 양심을 일깨우며 스스로 묻게 한다. '당신은 도대체 어디에 계신가요?'

교회의 '부와 세습', 이것은 이제 세상의 공공연한 가십거리가 되었다. "세습은 하나님의 뜻이며 교인들은 중요한 결정을 할 때 목사의 말을 반드시 들어야 한다"는 아버지 목사의 말이 세상의 조롱을 받고 있다. '기형적 대물림'의 당사자인 아들 목사가 위임을 받고, "사람들이 우리를 우려와 의심의 눈길로 볼 때 ⋯ 유일한 분 하나님을 향해 걸어가야” 한다고 말했을 때, 세상은 “그의 하나님 그리고 개신교의 하나님, 그 하나님은 같은 존재일까? 사람들은 끊임없이 자문하지 않을까?”라며 의문을 제기했다.

세상이 이런 의문을 던지게 된 배경에는 2013년의 한 종교개혁 기념 세미나에서 아들 목사가 자신은 “명성교회의 담임목사직을 맡으라고 해도 맡지 않을 것”이라고 호언장담했기 때문이다. “세습 금지는 시대의 역사적 요구”라며 결단코 “세습을 하지 않겠다”고 선언한 그는 왜 마음을 바꾼 것일까? 2013년에 그가 믿던 하나님과 2017년에 그가 믿던 하나님은 정말 다른 분일까?

교회 세습 문제가 총회 재판국에서도 공전空轉을 거듭하자, 세상은 교회를 향해 “지금의 교회를 무너뜨리는 것이 있다면 그것은 무엇인가?”라는 근심 어린 질문을 던졌다. 그리고 2019년, 제104회 총회에서 이의 제기를 일절 차단하고 교회 세습에 손을 들어주었을 때, 세상은 “목사님들, 예수 잘 믿으세요”라는 말로 ‘예수교 장로회’를 ‘목사교 장로회’로 변질시킨 총회의 작태에 혀를 내둘렀다.

비대면 회의로 진행된 2020년 제105회 총회는 총회 석상에서 명성교회 세습 문제를 논의해야 한다는 목소리들을 잠재우고 정치부로 넘겨버렸다. 지난 회기의 총회가 마치 '교황과 교황청의 안녕을 위해서라면!'이라는 구호를 내걸고 문제를 덮으려 했다면, 제105회 총회는 마치 '교황을 위한 십자 군병' 역할을 자처하는 것 같았다.

　이제 세상은 확실히 알게 되었다. 교회 정치꾼들은 오직 교황과 교황청을 위해서만 충성한다는 사실을 말이다. 그들의 권모술수는 '모든 길은 교황에게로 향한다'는 중세의 교회 정치꾼들도 혀를 내두를 정도다. 그들의 눈은 고딕 양식을 앞세워 높게, 더 높게 솟아올라 오직 '영광의 주님'만 보려던 중세의 눈을 닮아도 너무 닮았다. 화려한 예배당의 '문전도 디디지 못하는' 홀대받는 예수, 교회 정치꾼들에 의해 다시금 골고다로 내몰리는 '십자가에 달린 예수'의 '법과 진리'가 외면을 당하고 있다. 이것이 명성교회 세습 문제를 해결해 나가는 총회와 노회의 모습이 아닌가? 그리고 그 결과는 2021년 1월 1일 0시가 됨과 동시에 강단에 나타난 아들 목사가 아닌가?

2. 나는 왜 소리 지르는 돌이 되는가?

세상이 교회를 걱정하는 시대에 목회자요, 신학자인 나는 무엇을 어떻게 해야 하는가? 한 개인이 맞서기에 교회는 거대한 기업이 되어 버렸다. 총회 또한 한 개인의 목소리를 묵살시킬 수 있는 힘을 가진 자들과 그들의 쇼와 광기에 두 손을 아낌없이 사용하는 십자군 병사들로 차고 넘친다. 그 때문에 이러한 정황을 파악할 수 있고, 미로를 찾아가는 법을 아는 자들은 자신의 자리를 지키기 위해 적당히 선을 긋는다. 비판하되 과도하지 않게 하는 이들도 있고, 비판적 입장에 이름을 올리지만 그것으로 도리를 다했다고 팔짱을 끼고 있는 이들도 있다. 또한 양비론적 입장을 취하며 중용의 길을 걷는 시늉을 하는 이들도 있고, 아예 침묵으로 방관하거나 동조하는 이들도 있다. 그리고 세습 문제를 바로 잡기 위해 목소리를 높이며 행동하는 이들도 있다.

이런 일련의 당사자와 구경꾼들을 바라보며 내 양심에 들려오는 소리가 있다. 그것은 종교개혁자 루터와 칼뱅이 자신의 시대를 향하여 던졌던 양심의 소리다. 우리가 잘

알고 있듯이, 종교개혁이 일어나게 된 배경에는 교황을
필두로 한 성직매매와 이로 인해 일어난 교회의 부패가
있었다. 이것을 바로 잡고자 하는 개혁의 목소리들에 대
해 교회는 어떤 반응을 보였는가? 교황을 둘러싼 전통의
지지자들은 물꼬를 막으려고 안간힘을 썼고, 그 과정에서
방해가 되는 자들에게 재갈을 물리는 폭력을 가하였다.

　루터는 바른말 하는 사람을 싫어하는 이런 때를, 아모
스의 말을 빌려, 배운 자들이 침묵해야 하는 악한 때로
간주한다. 배운 자로서 침묵하는 것, 이것은 배운 자들이
살아남는 방법이다. 입을 열다 처참한 결말에 이른 자들
의 예를 익히 알고 있는 배운 자들은 보이는 진리는 외
면하고, 말해야 하는 진리에 대해서는 침묵하는 경향이
강하다.

　그래서일까? 루터는 자신을 교황지지자들이 분류하는
대로의 지혜로운 자, 배운 자의 반열에 드는 것을 거부한
다. 그렇게 되면 자신도 침묵하는 자의 대열에 서야 하기
때문이다. 진리가 교황의 권위에 의해 왜곡되고, 왜곡된
진리가 배운 자들에 의해 교회의 가르침으로 자리매김
하는 뒤집어진 현실에 대해 루터는 침묵할 수 없었다. 그

래서 택한 자신의 정체성에 대해 루터는 다음과 같이 암
시한다.

> "진리가 완전히 침묵 되기보다는 어리석은 자들
> 에 의해, 어린 자들에 의해, 술에 취한 자들에
> 의해 말해지는 것이 더 낫습니다. 이것은 배운
> 자들과 지혜로운 자들에게 용기를 북돋아 주기
> 에, 우리 같은 무식한 평민들이 너무도 수치스
> 러운 행위들에 대해 소리쳐 말해야 합니다. 마
> 치 그리스도께서 '만일 이 사람들이 침묵하면
> 돌들이 소리 지르리라'고 말씀하신 것처럼 말
> 입니다."[WA1,5]

　자신을 배운 자가 아니라, 무식한 평민으로 자리매김하
는 것은 수사적인 표현일 것이다. 한 편으로는 배운 자들
이 쉽게 빠지는 권력 앞에서의 그럴듯한 침묵의 늪에서
벗어나고, 다른 한 편으로는 교황과 그를 이용해 돈놀이
에 몰두하는 자들을 향한 저항의 거친 어투를 변호하기
위한 것처럼 보인다. 어떻든 중요한 것은, 루터는 소리를

지르는 돌이 되는 쪽을 택한다는 것이다. 나는 그의 그런 모습에 갈채를 보낸다.

칼뱅은 또 어떤가? 우리는 그의 『기독교강요』가 나오게 된 배경을 알고 있다. 그것은 도피자요, 피난민이요, 망명자의 신분으로 박해의 당사자인 프랑수아 1세에게 보내는 헌정사에 나와 있다. 여기서 칼뱅은 자신의 조국 프랑스의 교회 상태가 단지 "소수만이 그리스도를 아는 지식에 조금 젖어 있을 뿐"이라고 진단한다. 문제는 복음의 참된 가르침을 따르려는 이 소수가 극심한 박해를 받고 있다는 것이다. "법질서에 문의하기보다는" 다수라는 수의 힘으로 짓밟고, "사법적인 엄격함보다는" 교회 권력을 가지고 있는 자들의 입김에 따라 판결이 내려지는 현실을 법을 전공한 칼뱅은 못내 괴로워한다. 그를 더욱 가슴 아프게 한 것은 진리를 사랑한다는 모양을 가진 자들이 진리에 대한 이런 폭력에 침묵한다는 것이다. 그래서 칼뱅은 울부짖는다.

"참으로 불쌍한 교회는 잔인한 학살로 파괴되고, 추방으로 내침을 당했으며, 협박과 공포로

압도되어서 감히 입을 열 수도 없습니다. 그리
고 그들은 여전한 광기와 잔인함을 가지고 이
미 기울어진 벽을 맹렬히 부수고, 그들이 파괴
한 폐허를 습격합니다. 그런데도 아무도 이와
같은 광란들에 맞서서 교회를 수호하려고 나서
지 않습니다. 진리를 가장 사랑하는 자로 보이
기를 원하는 사람들도 (그 진리를 모르는) 사람
들의 오류와 미련함에 눈을 감아야 한다고 여
깁니다. 실로 모든 사람이 복음을 부끄러워하
고 있습니다."『기독교 강요』,6

　칼뱅의 판단에 의하면, 지성인들의 침묵은 살인의 광기
에 대한 두려움 때문만이 아니다. 그것도 과소평가할 수
없지만 실은 진리를 담고 있고, 바로 그 진리 자체인 복음
을 부끄러워하기 때문이다. 비록 박해를 피해 도망의 도
상에 있지만, 칼뱅은 복음을 부끄러워하는 자들의 대열
에 서는 것을 거절한다. 대신 광야에서 외치는 자의 소리
가 되어 '새롭고', '의심스럽고 불확실한' 가르침으로 비난
을 받는 "우리의 가르침"doctrina nostra을 참된 가르침으로 변

증하고자 한다. 바로 이러한 변증과 저항의 결실이 『기독
교강요』다. 종교개혁자로 길을 나서는 칼뱅의 초기 모습
에 갈채를 보낸다.

　그렇다면 교회 세습을 둘러싸고 진흙탕 길을 걷고 있
는 현실을 직시하고 있는 나는 어떤 길을 가야 하는가?
교회사가로서 나는 어떤 길을 가고자 하는가? 그것은 교
회 세습이라는 말로 엮을 수 있는 역사의 흔적을 탐구하
여 세상에 내놓는 것이다. 물론 마침표를 찍을 수 있는
'그 대답'을 낸다는 의미가 아니다. 그것은 가능하지 않
다. 단지 오늘의 세습 문제를 깊이 들여다보고 해결하는
데 도움이 되는 역사적인 자료를 제시하고자 할 뿐이다.
이것이 교회사가인 내가 세상에 내어놓는 외치는 자의
소리다.

　나의 이 소리가 교회 세습의 부당함을 알리며, 여리고
성이 된 교회 정치꾼들과 힘겹게 싸우는 분들이 사용하
는 나팔소리가 되었으면 좋겠다. 총회를 성직매매의 도굴
로 만드는 거대한 돈뭉치 골리앗에 맞서는 다윗들에게
작은 물맷돌로 사용되기를 바라는 마음 간절하다. 여기
에서 내뱉는 나의 소리는 그렇게 소리 지르는 돌이 되어

교회 세습의 현장에서 살아 있는 소리로 회자하기를 기대한다.

3. 나의 한계를 설정하고, 그 한계 안에서 말하다

아버지에게서 아들로 이어지는 교회 세습은 결혼을 금지하는 현재의 로마-가톨릭에서는 뜨거운 감자가 될 수 없는 주제이다. 반면, 결혼을 허락한 개신교 문화에서는 늘 존재하는 현안이었다. 종교개혁 이후, 개신교의 역사는 그것을 잘 보여준다. 그런데도 본 논문은 개신교의 역사에 나타난 교회 세습 문제는 차후의 연구로 미루고, 그 전 작업이라 할 수 있는 종교개혁이 일어나기 전의 중세 시대로 눈을 돌리고자 한다. 이 당시 교회 세습은 성직매매와 함께 교회 타락의 원흉으로 간주하였고, 교회의 개혁을 위해 반드시 해결해야 하는 걸림돌이었다. 그래서 교회 세습 문제로 홍역을 앓고 있는 한국교회의 현실을 역사적으로 반추하고 해결하는 데 간접적인 도움을 줄 수 있을 것이다.

　　교회의 역사를 돌이켜보면, 사제의 독신제는 1139년에 있었던 제2차 라테란 공의회에서 공식적으로 결정된 것으로 간주한다. 이것은 적어도 그 이전까지는 결혼하거나, 여성과 동거하는 사제들이 있었음을 전제한다. 그런데 1139년 이후에도 결혼하거나, 동거하는 사제들이 계속 있었다. 가족이 함께 사는 사제관이 존재했다는 것은, 그것을 합법적인 것으로 인정하였건 불법적인 것으로 간주하였건, 해당 교회와는 물론 봉건주의적 사회 체계와 맞물려 있는 기독교 시스템에도 긴장과 갈등을 일으키는 무시할 수 없는 요소였다.

　　결혼하거나, 내연녀와 동거하는 사제들에 대해 교회가 민감한 반응을 보인 것은 크게 세 가지 이유 때문이다. 하나는, 사제의 순결을 강조하는 종교적인 이유이다. 두 번째는, 교회의 사유화와 이로 인한 교회의 재정적인 궁핍화를 막고자 하는 경제적인 이유이다. 세 번째는, 교황 중심의 피라미드 적인 권력 구조를 견고히 하고자 하는 교회 정치적인 이유이다. 본서는 가장 일반적인 것으로 간주하는 종교적인 관점이나, 순수한 교회 정치적인 관점은 깊이 있게 조명하지 않을 것이다. 이 두 가지 이유를 배경에 두면서 교회 세습과 관련된 부분만 중점적으로 추적할 것이다. 교회 세습이 일으킨 긴장과 갈등, 그리고 이것에 응답하는 교회의 반응을 중점적으로 다룰 것이다.

이런 주제에 접근하면서 가장 먼저 만나게 되는 난제는 자료를 찾는 것이다. 이 어려움을 극복하기 위해 본서는 교황의 교서나 공의회 결정 등에 나타나는 교회법적인 문서들에 집중하고자 한다. 물론 이러한 자료의 제한에도 불구하고 중세와 교회법에 문외한인 나에게 해당 자료들을 찾고 수집하는 것은 매우 힘든 일이다. 그 때문에 자료수집에 어느 정도 한계가 있을 수 있음을 밝힌다.

이것보다 더 힘든 것은 찾은 자료를 해독해 내는 일이다. 나는 라틴어 감각을 잃지 않기 위해 평소에도 라틴어를 꾸준히 읽고 있다. 그런데도 교회법에 사용된 라틴어의 법적 용어를 정확하게 해독하는데 종종 어려움을 겪었다. 이런 언어적인 한계를 극복하려 애썼지만, 속 시원하게 풀어내지 못하는 부분이 있음을 밝힌다. 그 때문에 이 분야에 해박한 지식을 가진 독자들을 통한 수정을 기대한다.

초대교회부터 중세까지 자료를 찾고 읽어가는 과정에서 교회 세습 문제를 바라보는 관점이나, 온도에 있어서 미묘한 차이가 있음을 알 수 있었다. 특히, 가장 기본적인 교회 법령집으로 간주하는 그라티아누스 '교회 법령집'의 관점이 그 앞뒤와 관련해 이러한 면을 도드라지게 나타낸다. 그래서 이러한 차이를 무시하고 그냥 한 통으로 이야기하는 것은 독선적인 주장으로 나아갈 위험이 있다. 그 때문에 그라티아누스 '교회 법령집' 이전과 그라티아누스 '교회 법령집' 자체, 그리고 그 이후를 나누어 조명하는 것이 바람직해 보인다. 그래서 본서는, 먼저 1139년에 열린 제2차 라테란 공의회까지 다룰 것이다. 그리고 1140년경에 편찬된 것으로 간주하는 그라티아누스 '교회 법령집'과 교황 그레고리우스 9세의 주문으로 1234년에 편찬된 '새로운 교회 법령집'에 대한 분석이 뒤따를 것이다. 이 과정에서 교회 세습 문제가 어떤 굴곡의 길을 걸었는지 드러날 것이다.

4. 자료를 빌려오고 새로 쓰다

본서의 내용 중 제2장까지는 이미 발표했던 논문을 거의 그대로 가져온 것이다. '들어가는 아니리'와 '나가는 아니리'의 경우는 약간의 확장을 통해 그대로 실었다. 제2장도 읽기 쉽도록 각주를 없애고 본문에 반영하였으며, 번역 인용문을 라틴어와 비교하며 읽을 수 있도록 그대로 실은 것 외에 내용에 큰 변화는 없다. 논문의 원본은 다음에서 읽을 수 있다.

> 강치원. "교회 세습: 그 역사적 실상과 개혁의
> 흔적들 - 제2차 라테란 공의회(1139년)까지",
> 『장신논단』 제52권 1호 (2020년), 33-64.

3장과 4장은 몇몇 지인들과 함께 하는 모임에서 월례 발표로 했던 것을 기초로 하여 2020년 9월 17일에 '교회 세습, 법정에 서다 - 중세의 교회법 판례로 보는 교회 세습'이라는 제목으로 다시 발표한 것이다. 이 자리를 빌려 이 발표 모임을 주최한 '명성교회 수습안 결의철회 예장

추진회의'에 감사드린다.

본서는 교회법적인 자료 제공의 성격이 강하다. 따라서 교회법이나, 일반법에 관심이 있는 분들에게 좋은 자료로 사용될 수 있을 것이다. 헬라어와 라틴어 원문을 그대로 실은 것은 이런 사용에 도움을 주려는 것이다. 특히, 교회 세습에 관심이 있는 자들에게는, 또는 교회 세습을 막으려는 자들에게는 일독을 권한다.

II. 초대교회부터
제2차 라테란 공의회(1139년)까지

1. 성직자의 결혼(동거) 및 독신: 이상과 현실

1.1 성직자의 독신에 대한 성서적 전거

성경에 성직자들이 결혼해서는 안 된다는 명확한 규정은 나오지 않는다. 구약의 제사장들이나, 신약의 제자들과 관련하여 결혼은 자연스러운 것으로 받아들여졌다. 성전에서 제사를 지내는 제사장들에게 요구된 거룩이 사제의 독신제를 주장하는 이들에 의해 자주 인용되지만 독신제 자체와는 상관이 없는 구절이다. 마태복음 19장 12절에 나오는 '천국을 위하여 스스로 된 고자'도 사제의 독신제에 대한 성서적 전거가 되지 못한다.

남자가 여자를 가까이하지 않음이 좋으며, 결혼하지 않은 자들을 향하여 결혼하지 않고 지내기를 권유하는 고린도전서 7장도 사제의 독신제와 관련하여 가장 많이 언급되지만, 실은 남자와 여자의 결혼에 대한 바울의 일반적인 생각일 뿐이다. 바울은 당시의 사도들이나 교회의 일꾼들이 결혼 문제에서 자유로웠던 것을 인정하며, 자기 생각을 지켜야 할 규범으로 제시하지 않는다. '이것을 말하는 것은 그렇게 해도 좋다는 뜻으로 말하는 것이지, 명령으로 말하는 것은 아니다'라는 7장 6절이나, '주님께서 처녀들에 대해서 하신 명령을 받은 것은 없고, 단지 주님의 자비하심을 힘입어 믿을 만한 사람이 된 한 사람으로서 의견을 제시할 뿐이다'라는 25절은 바울의 이러한 견해를 대변해준다. 그러나 결혼하지 않음이 주님의 일에 더 마음을 쓸 수 있게 해준다는 7:32-35절은 독신제 주장에 어느 정도 영향을 끼쳤을 것이다.

> "결혼하지 않은 남자는 어떻게 하면 주님을 기쁘게 해 드릴 수 있을까 하고 주님의 일에 마음을 씁니다. 그러나 결혼한 남자는 어떻게 하면 자기 아내를 기쁘게 할 수 있을까 하고 세상일에 마음을 쓰게 되므로, 마음이 나뉘어 있습니다. 결혼하지 않은 여자나 처녀는 몸과 영을 거룩하게 하려고 주님의 일에 마음을 쓰지만, 결혼한 여자는 어떻게 하면 남편을 기쁘게 할 수 있을까 하고 세상일에 마음을 씁니다. 내가 이 말을 하는 것은 여러분을 유익하게 하려고 그

러는 것이지, 여러분에게 올가미를 씌우려고 그
러는 것이 아닙니다. 오히려 여러분이 품위 있
게 살면서, 마음에 헛갈림이 없이 오직 주님만
을 섬기게 하려는 것입니다."^{새번역}

　결혼하지 않은 자는 '주님의 일'에 그리고 결혼한 자는
'세상의 일'에 더 관심을 두게 된다는 생각은 너무도 단
선적인 생각이다. 이것은 공관복음서에 나오는 예수의 가
르침보다는 구약의 거룩 법을 지키고자 하는 열정이 너
무 앞선 것 같은 인상을 준다. 오히려 육체적인 것을 무시
하고 결혼에 대해서 유보하는 태도를 보이던 에세네파나
쿰란공동체를 상기시켜준다.
　바울의 이러한 권유에도 불구하고 성서 시대의 교회는
사제의 결혼을 당연한 것으로 여기는 분위기도 있었다.
그 전형적인 예가 바로 목회 서신이다. 감독^{ἐπίσκοπος}은 오직
'한 아내의 남편'이며 '가정을 잘 다스리고, 자녀들을 순
종하게 하는 자'이어야 했다.^{딤전3:1-5} 후에 서방교회에서 사
제를 의미하는 용어로 자리를 잡게 되는 장로^{πρεσβύτερος}에
대해서도 '한 아내의 남편'이라는 조건과 함께 자녀들이

언급된다.^{딤1:6} 후에 사제를 돕는 부제^{副祭}라는 성직을 나타 내는 집사^{διάκονος}도 '한 아내의 남편'이며, '자녀를 잘 다스 리는 자'이어야 했다.^{딤전3:12}

목회 서신의 이러한 규정들은 결혼하지 않은 자를 선호 하는 바울적 입장보다는 오히려 성직자의 결혼을 당연한 것으로 간주하고 있음을 보여준다. 재혼을 허락하지 않는 '한 아내의 남편'이라는 규정은 후에 성직자의 결혼과 관 련하여 매우 중요한 성서적 전거로 자리매김한다. 정부인 이 살아 있는 동안에는 말할 것도 없고, 죽은 뒤에도 다 른 여자와 결혼하는 것이 엄격히 금지되기 때문이다.

1.2 성직자의 독신에 대한 비성서적인 영향

독신제를 명시적으로 언급하는 성경적 전거의 부재에 도 불구하고 왜 서방의 기독교 역사에는 성직자의 독신 제 주장이 끊이지 않고 제기되었을까? 복음이 예루살렘 과 유대를 넘어 사마리아와 로마 지역으로 퍼져 나갈 때, 이 지역에 풍미해 있던 사상은 그리스-로마 사상이었다. 이 사상 중에는, 대부분의 고대 사상들이 그렇듯이, 물질적인 것보다 영적인 것을 더 고귀하다고 여기는 풍조도 있었다. 그리고 종교적인 열심을 가진 자 중에는 남녀 간의 성관계를 물질적인 욕망을 대표하는 것 중의 하나로 간주하는 분위기도 있었다.

이러한 생각을 하는 이들에게 구약에서 제사장에게 요구하는 거룩함이라든지, 바울이 권하는 동정으로 사는 것은 나름 호소력을 가질 수 있었다. 그 때문에 초대교회는 영지주의나 마니교에서 주장하는 극단적인 이원론을 교리적으로는 거부하였지만, 성관계를 일절 거부하고 동정으로 사는 것을 더 고상한 영적인 삶으로 간주하는 것과 관련해서는 그들과 별반 다르지 않은 길을 선택한다. 그리고 이러한 금욕적인 삶을 기독교가 도덕적으로 높은 이상을 추구하는 증거로 내세운다.

이런 과정을 거치며 동정으로 사는 금욕주의자는 남다른 종교적인 권위를 갖게 된다. 그리고 수도승이 되기 위해 행하는 동정의 서원을 제2의 세례로 간주하는 분위기가 확산한다. 특히, 박해 기간이 끝남과 동시에 순교자들이 사라지자, 결혼을 이미 했든 하지 않았든 사막으로 들어가 홀로 수도 생활을 하는 이들이 살아 있는 순교자

요, '그리스도를 위해 싸우는 경기자'로 간주하면서 동정
의 권위는 더욱 높아진다.

1.3 성직자의 결혼과 독신을 둘러싼 갈등

독신을 선택하는 성직자들이 권위를 얻게 되는 것은
성직자들의 밑바닥 현실에서는 긴장과 갈등을 불러일으
켰다. 이미 결혼한 자 중에 성직자가 되는 이들이 적지
않았기 때문이다. 바로 이러한 긴장과 갈등을 기독교가
종교로 인정을 받게 되어 공식적인 박해를 종식한 313년
의 밀라노 칙령을 전후해 열렸던 두 번의 종교회의가 보
여준다.

하나는, 300년경에 엘비라^{Elvira}에서 열린 스페인 지역
종교회의이다. 성직자의 독신제와 관련해 가장 오래된
교회의 규정으로 간주하는 카논^{canon} 33을 직역하면 다
음과 같다.

"주교와 사제와 부제, 즉 사역에 임명된 모든 성
직자에게 완전히 금지하는 것이 결정되었다. 그

것은 그들의 아내를 멀리하고, 자식을 낳지 말
라는 것이다. 이것을 행하는 자는 누구든지 명
예로운 성직에서 쫓겨나야 한다."[Mansi 2,11]

Placuit in totum prohibere episcopis, pres-
byteris et diaconibus, vel omnibus clericis
positis in ministerio, abstinere se a coniugi-
bus suis et non generare filios: quicumque
vero fecerit, ab honore clericatus extermin-
etur.

이 카논은 결혼 자체에 대한 거부는 아니다. 단지 결혼
한 성직자들은 지위고하를 막론하고 아내와 성관계를 맺
지 말아야 함을 규정할 뿐이다. 여기서 중요한 것은 결혼
한 사람을 사제로 서품을 주는 것이 가능하지만, 적어도
서품을 받은 이후에는 자신의 아내와 육체적인 성관계를
맺어서는 안 된다는 것이다. 이 규정은 분명 결혼한 성직
자에 대해 다루지만, 독신제를 주장하는 의미로 확대하
여 해석되며 중요한 역사적인 전거로 자리매김한다.

그런데 이 규정에서 "사역에 임명된 모든 성직자에

게"omnibus clericis positis in ministerio라는 말을 이해하는 두 가지 전통이 있다.[Heid,101] 하나는, 구약의 제사장적 전통을 따라 '사역'ministerium을 성전 봉사를 맡는 것으로 이해하는 것이다. 이런 의미를 붙잡을 경우, 이 카논은 예배 인도를 맡은 성직자들은 아내와 성관계를 맺어서는 안 된다는 규정으로 해석될 수 있다. 다른 하나는, '사역에 임명하다'in ministerium ponere를 '성직에 임명하다'로 이해하는 것이다. 이 경우, 카논 33은 서품을 받은 이후에는 아내와 성관계를 해서는 안 된다는 의미로 해석된다. 교회의 역사는 후자를 택하며 이 카논을 거듭 인용한다.

다른 목소리를 내는 또 하나의 지역 종교회의가 있었다. 314년에 앙카라에서 열린 지역 종교회의이다. 이 회의에서 결정된 카논 10은 성직자의 결혼에 대해 기본적으로는 유보하는 입장을 취한다. 그러나 원천적으로 차단된 것이 아님을 보여준다.

"서품을 받는 부제 중에, 그들이 세움을 받을 때 결혼을 꼭 해야 하고, 이처럼(곧, 홀로) 머물 수 없다고 분명히 증언하고 표명한 모든 자는, 그

후에 결혼하였다 할지라도 그들의 직무에 머물
게 하라. 주교가 이것을 그들에게 허락했기 때
문이다. 그러나 손을 들어 서약할 때, 이처럼 머
무는 것에 대해 침묵을 하고 승인을 한 자 중
에 이후에 결혼을 한 자들이 있다면, 그들에게
는 부제의 직을 그만두게 해야 한다."[Mansi 2,517]

Διάκονοι ὅσοι καθίστανται, παρ' αὐτὴν
τὴν κατάστασιν εἴ ἐμαρτύραντο καὶ ἔφα-
σαν χρῆναι γαμῆσαι, μὴ δυνάμενοι οὕτως
μένειν, οὗτοι μετὰ ταῦτα γαμέαντες ἔ-
στωσαν ἐν τῇ ὑπηρεσίᾳ διὰ τὸ ἐπιτρα-
πῆναι αὐτοὺς ὑπὸ τοῦ ἐπισκόπου τοῦτο
δὲ εἴ τινες σιωπήσαντες καὶ καταδεξά-
μενοι ἐν τῇ χειροτονίᾳ μένειν οὕτως με-
τὰ ταῦτα ἦλθον ἐπὶ γάμον, πεπαῦσθαι
αὐτοὺς τῆς διακονίας.

일반적으로 알고 있는 바와는 전혀 다른 서원의 모습
을 보여준다. 적어도 이 당시까지는, 또는 이 지역에서는 순결의 서원은 택일의 문제였지 의무적이지 않았다. 이렇듯 초대교회에서는 성직자의 결혼 문제와 관련해 하나의 목소리만 지배하지 않았다. 또한, 동방과 서방이 좀 다른 길을 가지 않을까 하는 실마리를 엿볼 수 있다.

위에 언급한 엘비라 지역 종교회의는 성직자들의 삶과 관련해 또 하나의 매우 중요한 역사적인 결정을 내린다. 그것이 카논 27에 담겨 있다.

> "주교 및 모든 다른 성직자들은 하나님에게 동정을 서원한 자신의 누이나 딸과만 지내야 한다. 어떤 경우에도 낯선 여인과 지내서는 안 된다고 결정되었다."Mansi 2,10
>
> Episcopus, vel quilibet alius clericus, aut sororem aut filiam virginem dicatam Deo tantum secum habeat; extraneam nequaquam habere placuit.

결혼하지 않은 성직자들이 일상적인 가사를 위해 가족과 함께 사는 것은 일반적이었다. 카논 27은 이러한 관습을 반영한 것이다. 그러나 '하나님에게 동정을 서원한 가족'이어야 했다. 성적인 문제를 막기 위한 것이었지만 근친상간이라는 도덕적인 추문에 휩싸이는 경우 또한 적지 않았다.

사제의 결혼 문제는 특정 지역에 한정된 것이 아니라, 기독교가 퍼진 로마 제국 전체에 걸친 문제가 되었다. 325년에 열린 제1차 니케아 공의회가 그냥 지나칠 수 없을 정도로 현안이었다. 그래서 카논 3에 다음과 같은 결정을 담는다.

> "공의회는 주교, 사제, 부제, 그리고 성직에 있는 모든 자들에게 여인을 가지는 것이 허락되는 것을 엄격하게 금한다. 어머니나, 누이나, 숙모나, 어떤 혐의도 없는 여자들은 제외하고 말이다."Mansi 2,669
>
> Ἀπηγόρευσε καθόλου ἡ μεγάλη σύνοδος, μήτε ἐπισκόπῳ, μήτε πρεσβυτέρῳ, μήτε διακόνῳ, μήτε ὅλως τινὶ τῶν ἐν κλήρῳ, ἐ-ξεῖναι συνείσακτον ἔχειν, πλὴν εἰ μὴ ἄρα

μητέρα, ἢ ἀδελφήν, ἢ θείαν, ἢ ἃ μόνα
πρόσωπα πᾶσαν ὑποψίαν διαπέφευγεν.

이미 결혼한 성직자에 대한 언급은 없지만, 엘비라의 카논 27과 같은 선상에서 적어도 결혼하지 않은 자들일 경우에는 결혼은 물론 특정한 여인들을 제외하고는 어떠한 여인과도 지내서는 안 된다는 비교적 강도 높은 규정이다.

그러나 우리는 결정된 카논만 가지고 니케아 공의회의 전체 분위기를 이해해서는 안 된다. 이러한 결정이 나온 것으로 보아 성직자의 독신을 지지하는 목소리들이 분명 더 컸을 것이다. 그러나 다른 목소리도 있었다. 초대교회의 교회사가인 소크라테스Socrates는 우리의 관심을 끄는 한 이야기를 소개한다. 그에 의하면, 공의회는 서품을 받기 전에 이미 결혼한 고위 성직자들, 곧 주교와 사제와 부제에게 부부관계를 하지 말 것을 결정하려 하였다. 그때 테베Thebes 상류 지역의 주교로서 공의회에 참석한 파프누티오스Παφνούτιος의 반응에 대해 소크라테스는 다음과 같이 기록한다.

"파프누티오스가 큰 목소리로 성직자들에게 힘든 멍에를 씌우지 말라고 소리 질렀다. '부부 사이의 성적 관계는 고귀하며 더럽지 않은 것이다. 엄격함이 지나치면 오히려 교회에 해를 끼칠 뿐이다. 왜냐하면, 모든 사람이 무정욕의 삶을 살 수 있는 것이 아니기 때문이다. 아마도 (떠난) 아내들의 성적 절제도 지켜질 수 없을 것이다.' 합법적인 아내와의 관계를 그는 성적인 절제라 간주한다. '평신도였을 때 이미 (아내로) 받아들인 자와는 갈라지지 말아야 한다는 교회의 옛 전승에 따라 이미 서품을 받은 자만 결혼하지 말 것을 규정하는 것으로 충분하다.' … 전 성직자들은 파프누티오스의 말에 설득되어 이 문제에 대해서는 언급하지 않고, 아내와 육체적인 관계를 하지 않으려는 자들의 결정에 맡겼다."^{Socrates 1,11}

Καὶ ἐπεὶ … ὁ Παφνούτιος, ἐβόα μακρὰ, μὴ βαρὺν ζυγὸν ἐπιθεῖναι τοῖς ἱερωμέ-νοις ἀνδράσι· τίμιον εἶναι καὶ τὴν κοίτην,

καὶ αὐτὸν ἀμίαντον λέγων, μὴ τῇ ὑπερ-
βολῇ τῆς ἀκριβείας, μᾶλλον τὴν Ἐκκλη-
σίαν προσβλάψωσιν· οὐ γὰρ πάντας δύ-
νασθαι φέρειν τῆς ἀπαθείας τὴν ἄσκησιν,
οὐδὲ ἴσως φυλαχθήσεσθαι τὴν σωφρο-
σύνην τῆς ἑκάστου γαμετῆς. Σωφροσύ-
νην δὲ ἐκάλει καὶ τῆς νομίμου γυναικὸς
τὴν συνέλευσιν· ... Πείθεται πᾶς ὁ τῶν ἱε-
ρωμένων σύλλογος τοῖς Παφνουτίου λό-
γοις. Διὸ καὶ τὴν περὶ τούτου ζήτησιν ἀ-
πεσίγησαν, τῇ γνώμῃ τῶν βουλομένων ἀ-
πέχεσθαι τῆς ὁμιλίας τῶν γαμετῶν κατα-
λείψαντες.

소크라테스가 전하는 이 이야기는 만들어진 이야기로
간주한다. 그러나 이러한 허구를 역사적인 것으로 기술한
것은 특정한 배경을 알고 있기 때문이다. 다시 말해, 성직
자들의 결혼을 반대하여 부부관계도 끊을 것을 강조하는
금욕적인 분위기에 반하는 성직자들이 있었으며, 그들의

주장 또한 지나쳐 들을 수 없는 여론을 형성하고 있었다
는 것이다.

이러한 분위기는 4세기 말에 시리아 지방에서 작성된
것으로 간주하는 '사도들의 규칙'Canones Apostolorum에도 나온
다. 카논 5에 다음과 같이 규정되어 있다.

> "주교나 사제나 부제는 그의 아내를 경건을 위
> 함이라는 구실로 내쫓아서는 안 된다. 그런데
> 도 아내를 내쫓는다면, 그는 제명되어야 한다.
> 그리고 자기 고집을 밀고 나가면, 그는 파면되
> 어야 한다."Mansi 1,30
>
> Episcopus, vel Presbyter, vel diaconus uxo-
> rem suam ne ejiciat religionis praetextu; sin
> autem ejecerit, segregetur; & si perseveret,
> deponatur.

결혼을 한 자로서 서품을 받은 자는 아내와의 성관계
를 멀리해야 한다는 분위기가 점차 교회의 상석에 앉았
다. 불행하게도 이런 분위기는 어떤 성직자들에게는 지나

치게 부정적인 영향을 미쳐 아내를 버리기까지 하는 폐
해를 낳기도 하였다. 아무리 그것이 성적 관계를 멀리하
여 몸을 거룩하게 하려는 경건한 의도라 할지라도, 이것
은 물을 버리려다 아기까지 버리는 격이다. '사도들의 규
칙'이 제명과 파면이라는 중징계를 들고나오는 것으로 보
아, 이런 이들이 여기저기서 적지 않게 있었던 것 같다.

그런데 서품을 받은 결혼한 성직자들에게 아내와의 관
계를 금하는 규정은 또 다른 모습으로 문제점을 낳는다.
결혼한 사제들이 집전하는 성만찬에 참석하는 것을 꺼리
는 신자들이 생긴 것이다. 교회는 이러한 문제를 지나칠
수 없었다. 그 한 예가 340/341년에 소아시아 지방의 강
그라Gangra에서 열린 지역 종교회의다. 이 회의는 카논 4에
서 다음과 같이 규정한다.

> "누군가 결혼한 사제가 집전하는 성만찬에서
> 봉헌한 제물(곧, 빵)을 받아서는 안 된다는 듯
> 이 그에게 대항하는 자는 저주를 받을지어다."
>
> Mansi2,1101
>
> Εἴ τις διακρίνοιτο παρὰ πρεσβυτέρου

γεγαμηκότος, ὡς μὴ χρῆναι, λειτουργή-
σαντος αὐτοῦ, προσφορᾶς μεταλαμβά-
νειν, ἀνάθεμα ἔστω.

츠빙글리가 성직자의 결혼을 옹호할 때 즐겨 인용하는
이 카논은[Zwingli,210-248] 사제의 결혼 문제 자체를 다룬다기
보다는 결혼한 사제가 집전하는 미사나 성만찬이 효력이
있는가라는 질문과 더 관련이 있어 보인다. 이것도 계속
되는 독신제의 역사에서 끊임없이 제기되는 중요한 주제
이다.

위에서 언급한 '사도들의 규칙'은 결혼한 자들이 서품
을 받는 것 자체에 대해서는 문제로 삼지 않는다. 그러나
두 번 결혼하거나, 결혼하지 않고 내연녀와 함께 사는 것
은 엄격하게 금한다. 그래서 카논 16에서 다음과 같이 규
정한다.

"세례 후에 두 번 결혼을 하였거나, 내연녀와 살
아 온 자는 주교도, 사제도, 부제도 될 수 없
다. 한마디로 말해서, 성직자 목록에 속할 수 없

다.”^{Mansi 1,31}

Qui post sanctam baptismum duobus con-
jugiis fuerit implicitus, vel habuerit concubi-
nam, non potest esse episcopus, vel pres-
byter, vel diaconus, vel omnino es numero
sacerdotali.

두 번 결혼한 자에게 성직자가 될 수 있는 길을 차단하
는 것은 성경에 나오는 '한 아내의 남편'이라는 구절 때문
이다. 이 금지는 이후 계속 되풀이되는 중요한 규정으로
자리매김한다.

'사도들의 규칙'은 성직자의 결혼과 관련해 또 한 가지
중요한 결정을 보여준다. 일반적으로 서품을 받을 때 결
혼을 하지 않는 자는 결혼이 금지된다. 그런데 '사도들의
규칙'은 결혼할 수 있는 자와 결혼 할 수 없는 자를 구분
한다. 카논 25에서 다음과 같이 규정한다.

"결혼하지 않고 성직자로 서품을 받은 자 중에
강독자들과 선창자들만 원할 경우 결혼해도 된

다고 우리는 명령한다."^{Mansi 1,34}

Ex iis, qui non ducta uxore ad clerum pro-
moti sunt, jubemur, si velint uxorem ducere
lectores & cantores solos.

이 구분은 이후 성직자로 서품을 받는 자들을 고위 성
직자와 하급 성직자로 나누는 것으로 나아간다. 구분의
기준은 신자들과 직접 접촉을 하는 목회를 하는가, 아니
면 교회 관리나, 예배 도우미 역할 등 목회와는 직접적
인 관련이 없는 일을 하는가이다. 일반적으로는 차부제
^{subdiaconus}부터 고위 성직자로 간주하고, 문지기, 강독자, 축
귀 사역자, 복자 등이 하급 성직자로 간주하였다. 바로 이
런 자는 서품을 받은 뒤에도 결혼을 할 수 있다는 것이다.

이 '사도들의 규칙'과 관련해 또 한 가지 언급해야 하
는 것이 있다. 이것처럼 사도들에 의해 작성된 것으로 간
주하던 '사도들의 규범'^{Constitutiones Apostolorum}이다. 5세가 말
에서 6세기에 기록된 것으로 간주하는 소위 '겔라시우스
교령'^{Decretum Gelasianum}은 '사도들의 규범'을 위경으로 간주
한다. 동방교회에서는 692년에 열린 제6차 콘스탄티노플

공의회에서 사도들의 이름을 도용한 가짜로 판결되어 권위를 잃었다. 반면에 '사도들의 규칙'은 사도들에게서 유래하는 것으로 인정되며 권위를 가지게 되었다.

이러한 결정과 영향에도 불구하고, '사도들의 규범'이 완전히 잊힌 것은 아니다. 적어도 성직자의 결혼과 관련해 그라티아누스[Decretum1.32.7]와 그레고리우스 9세의 교회법령집[Extra1.14.9]에 동시에 인용되는 구절이 있기 때문이다. 제6권 카논 17에 나오는 규정이다.

> "주교와 사제와 부제로 다음과 같은 자를 임명하라고 우리는 명령한다: 그들은 아내가 살아 있든, 죽었든 한 번만 결혼한 자여야 한다. 결혼하지 않는 자들에게는 서품을 받은 후에 결혼하는 것과 결혼하였을 경우에는 다른 여자들과 은밀한 관계를 맺는 것이 허락되지 않는다. 그들은 서품을 받으러 왔을 때 가지고 있던 것으로 만족해야 한다. 하급 봉사자와 선창자와 강독자와 문지기와 관련해서도 마찬가지로 한 여자와만 결혼한 자들이어야 한다고 명

령한다. 그들이 결혼하기 전에 성직자가 되었다
면, 그렇다면 우리는 그들이 결혼하려는 마음
을 가지고 있다면 해도 된다고 허락한다. 그들
이 죄를 짓고 벌을 받지 않도록 하기 위해서 말
이다. 그러나 어떤 성직자에게도, 레위기 21장
의 율법이 말하는 바와 같이, 그들이 창녀나 하
녀나 과부나 이혼녀와 사는 것을 허락하지 않
는다."Constitutiones apostolorum6,c.17

Ἐπίσκοπον καὶ πρεσβύτερος καὶ διάκο-
νον εἴ-πομεν μονογάμους καθίστασθαι,
κἂν ζῶσιν αὐτῶν αἱ γαμεταί, κἂν τεθνᾶ-
σι μὴ ἐξεῖναι δὲ αὐτοῖς μετὰ χειροτονί-
αν [ἢ] ἀγάμοις οὖσιν ἔτι ἐπὶ γάμον ἔρ χε-
σθαι, ἢ γεγαμηκόσιν ἑτέραις συμπλέ κε-
σθαι, ἀλλ᾽ ἀρκεῖσθαι ἦ ἔχοντες ἦλθον ἐπὶ
τὴν χειροτονίαν. Ὑπηρέτας δὲ καὶ ψαλτω-
δούς καὶ ἀναγνώστας καὶ πυλωρούς καὶ
αὐτούς μονογάμους εἶναι κελεύομεν εἰ δὲ
πρὸ γάμου εἰς κλῆρον παρέλθωσιν, ἐπι-

τρέπομεν αὐτοῖς γαμεῖν, εἴγε πρὸς τοῦτο
πρόσθεσιν ἔχουσιν, ἵνα μὴ ἁμαρτήσαντες
κολάσεως τύχωσιν. Οὐδενὶ δὲ τῶν ἐν τῷ
κλήρῳ κελεύομεν ἢ ἑταίραν ἢ οἰκέτιν ἢ
χήραν καιὶ ἐκβεβλημένην λαμβάνειν, ὡς
καὶ ὁ νόμος λέγει(Lev. XXI).

여기에서 하위 성직자에게는 서품을 받은 뒤에도 결혼
을 허락한다. 이것을 뒤집어 해석하면, 차부제 이상부터는
서품을 받은 뒤에는 결혼을 허락하지 않는다는 것이다.
그 때문에 이 규정을 인용하는 그라티아누스와 그레고리
우스 9세는 성직자가 되고자 하는 자로서 결혼하고자 하
는 자는 차부제가 되기 전에 해야 한다고 규정한다.

일반적으로 동방 지역에서는 사제의 결혼 문제에 좀
여유가 있었다면, 서방 지역에서는 좀 엄격한 태도를 보인
다. 갈리아 지방의 아를레^{Arles}에서 452년에 모인 두 번째
지역 종교회의는 카논 2에서 다음과 같은 결정을 내린다.

"결혼한 자가 사제직에 임명되는 것이 허락되어

서는 안 된다. 만일 그가 순결하게 살겠다고 서
약을 하지 않았다면 말이다."[Mansi 7,897]

Assumi aliquem ad sacerdotium non pos-
se in conjugii vinculo constitutum, nisi fuerit
praemissa conversio.

순결에 대한 서약이 성직자가 되는데 무엇보다 필수적
으로 요구된다. 문제는 이것이 이미 결혼한 자에게도 해
당한다는 것이다. 그렇다면 아내와의 관계를 어떻게 해야
하는가? 이혼하라는 것인가? 아니면 별거를 하라는 것인
가? 이와 관련해 카논 3은 다음과 같이 결정한다.

"부제의 직에 있는 어떤 성직자가 가사 도움
을 위해 할머니, 어머니, 딸, 여조카, 또는 순결
을 서약한 그의 아내 외에 (다른) 여자를 데리
고 있는 것으로 확인되면, 그는 성만찬을 집
전하는데 적합하지 않은 자로 간주해야 한
다."[Mansi7,897]

Si quis clericus a gradu diaconatus in solatio

suo mulierem, praeter aviam, matrem, fili-
am, neptem, vel conversam secum uxorem,
habere praesumpserit, a communione alie-
nus habeatur.

엘비라 지역 종교회의와 제1차 니케아 공의회와 결을
같이 하는 규정이다. 그런데 결혼한 성직자의 경우 아내
의 문제를 어떻게 해결해야 하는지에 대한 한 가지 길을
제시한다. 그것은 아내도 순결을 서원하는 것이다. 결국,
서품을 받은 이후에는 성관계를 일절 하지 말라는 것이
다. 이런 금욕적인 삶을 살 때 한해서만 결혼한 성직자가
집전하는 성만찬은 효력을 가질 수 있다. 강그라 지역 종
교회의보다 엄격한 모습을 엿볼 수 있다.

합법적인 아내와도 성관계해서는 안 된다는 이런 분위
기는 아예 성직자가 되고자 하는 이들에게 기본적으로
요구되는 전제로 자리매김하기 시작한다. 예를 들어, 로
마의 감독 이노센티우스[Innocentius] 1세는 405년에 툴루즈
[Toulouse]의 주교에게 보내는 편지에서 이렇게 말한다.

"그리고 또한 아내와도 육체적인 관계를 행하는
자를 성직에 허락하는 것은 하나님의 뜻에 어
긋난다. 왜냐하면 '너희의 주 하나님인 내가 거
룩하니 너희도 거룩하라'고 기록되어 있기 때
문이다."[Mansi3,1038]

... neque eos ad sacrificia fas sit admitti, qui
exercent vel cum uxore carnale consortium,
quia scriptum est: Sancti estote, quia ego
sanctus sum dominus Deus vester.

　결혼한 자들에게 성직으로 가는 길을 원천적으로 차단
하려는 이러한 시도는 그만큼 결혼한 성직자들이 교회적
이며 사회적인 문제를 일으켰기 때문일 것이다. 이것을 단
지 '거룩'이라는 문법만으로 막을 수 있으리라 생각한 것
은 매우 낭만적인 생각이라 할 수 있다.

　이상에서 볼 수 있는바, 초대교회에서는 성직자의 결
혼 문제와 관련해 하나의 목소리만 지배하지 않았다. 동
방 교회와 달리 서방 교회에서는 종교회의나, 점차 교회
법적인 효력을 가지기 시작한 로마 감독의 편지 등이 독

신제 쪽으로 손을 들어준다. 또한 결혼한 성직자의 경우, 부부관계를 하지 않는 금욕적인 삶에 더 큰 방점을 찍는다. 가정, 즉 아내와 자식들을 떠나야 한다는 목소리도 있었고, 실제로 그렇게 하는 성직자들도 있었다. 제사를 지내는 제사장에게 거룩함을 요구한 구약의 성결법과 동정과 순결을 추구하는 자는 '주의 일'을, 육체적인 성관계를 수반하는 결혼에 매인 자는 '세상일'에 더 마음을 쓴다는 바울의 권면이 생각보다 크고 넓은 반향을 불러일으킨 것 같다.

그러나 이러한 이상적인 요구와 성직자들의 현실적인 삶 사이에는 괴리감이 있었다. 성직자들의 순결을 강조하는 목소리들이 나오면 나올수록, 이것은 성직자들 사이에 그만큼 성적인 문제들이 있었음을 방증해주는 것이기 때문이다. 사막으로 들어간 교부들에게서도 가장 넘기 힘든 산이 성적인 문제였으며, 이것이 계속해서 그들의 발목을 잡았다는 것은 널리 알려진 사실이다. 그러니 세속에 있는 성직자들의 밑바닥 삶은 얼마나 더 그랬을까? 이상을 주장하는 자들과 현실을 살아가야 하는 사람들 사이에 밀고 당기는 샅바싸움은 성직자들의 양심을 괴롭히는 문제였을 것이다.

1.4 성직자의 자녀

이미 결혼한 자로서 서품을 받은 자에게 자식이 있을 수 있다는 것은 당연하다. 그런데 앞에서 보았듯이, 서품을 받은 후에는 아내와 성관계를 하지 말아야 한다는 목소리가 상석에 앉는다. 그 때문에 그들이 자녀를 낳아서는 안 된다는 말이 나도는 것도 당연했을 것이다.

결혼한 성직자에게 이런 금지령이 활자화되고 있었으니, 독신으로 있는 성직자에게는 더더욱 말할 것도 없었을 것이다. 독신 사제에게서 자녀가 태어난다는 것은 아예 허락되지 않는 성관계를 한 것이기에 이것은 '간통죄'[adulterium]로 간주하여 엄격한 처벌을 받았다.[Denzler,8]

이런 처벌의 두려움 때문에 독신 사제들 사이에 '간통죄'는 사라졌을까? 절대 그렇지 않았다. 그 한 예를 로마의 감독 시리키우스[Siricius]가 사라고사의 주교 이메리우스[Himerius]에게 보내는 385년의 편지에서 엿볼 수 있다. 이 편지는 이메리우스가 자신의 교구에서 일어난 일에 대해 감

독에게 자문하는 것에 대한 답변 형식을 취하는데, 여섯
번째 질문에 대해 감독은 다음과 같이 답변한다.

> "이 외에도, 그대의 증언에 의하면, 몇몇 수도승
> 들과 수녀들이 방탕한 삶에 빠져, 처음에는 수
> 도원적 업무라는 구실을 삼아 허락되지 않고
> 신성모독적인 관계를 몰래 하더니, 후에는 양심
> 이 굳어져 아예 대놓고 불법적인 관계를 통해
> 아이들을 낳는구나. 이것은 세상 법과 교회법
> 에서 금지된 것이다. 그런 음탕하고 가증스러운
> 사람들을 수도원 공동체와 교회 공동체로부터
> 내쫓아야 한다고 우리는 명령한다."^{Mansi3,657}
>
> Praeterea monachorum quosdam atque
> monacharum, abiecto proposito sanctitatis,
> in tantam protestaris demersos esse lascivi-
> am, ut prius clanculo velut sub monasterio-
> rum praetextu illicita ac sacrilega se conta-
> gione miscuerint, postea vero in abruptum
> conscientiae desperatione perducti de illi-

citis complexibus libere filios procreaverint, quod et publicae leges et ecclesiastica iura condemnant. Has igitur impudicas detestabilesque personas a monasteriorum coetu ecclesiarumque conventibus eliminandas esse mandamus…

이 인용문에서는 수도승들과 수녀들 사이의 성적 관계에 대해 다루고 있다. 그런데 이들 사이에 일어나는 성적 문란만이 문제가 아니었다. 이어지는 일곱 번째 답변에서 감독은 서품을 받은 후에 이루어지는 성직자들의 모든 성관계를 문제로 삼는다.

"우리는 매우 많은 그리스도의 사제들과 부제들이 그들이 서품을 받은 후에도 오랫동안 그들 자신의 아내와의 관계에서뿐만 아니라, 부끄러운 관계를 통해서도 자식을 낳았으며, 이러한 범죄를, 구약에서 읽는 바와 같이, 제사장들과 레위인들에게 아이를 낳는 자유가 주어져 있었다는 핑계를 대면서 변명한다고 듣는다."

Mansi3,658

Plurimos enim sacerdotes Christi atque levi-
tas, post longa consecrationis suae tempora,
tam de coniugibus propriis, quam etiam de
turpi coitu sobolem didicimus procreasse, et
crimen suum hac praescriptione defendere,
quia in veteri Testamento sacerdotibus ac mi-
nistris generandi facultas legitur attributa.

시리키우스와 이메리우스의 서신 대화를 통해 우리가
알 수 있는 것은, 서품을 받은 후에 이루어지는 성직자들
의 모든 성관계가 문제가 되고 있다는 것이다. 그런데 결
혼한 사제들까지도 자기 자신의 아내와 성관계를 가져서
는 안 된다고 규정하는 배경에는 또 다른 문제가 있는 것
같다. 그것은 바로 자녀 출생이다. 결혼하지 않은 사제들
사이에서 아이가 태어난다면, 그것은 정말 편지가 표현하
듯이 '범죄'crimen라 할 수 있다.

그런데 결혼한 사제가 자기 자신의 아내와의 관계에서

자녀를 낳는 것도 똑같은 '범죄'로 간주해야 할까? 실제
로 사제들이 자식을 낳는 것이 그들의 양심이 어둠의 심
연 속으로 곤두박질친 결과로만 치부할 수 있을까? 자식
을 자유롭고 공공연하게 낳고 기르는 것이 왜 불법으로
간주해야 했을까? 그것은 아마도 성직자들에게 아들이
있다는 것 자체가 교회적으로나 사회적으로 심각한 문제
를 일으켰기 때문일 것이다. 이제 그 문제들이 무엇이었는
지 추적해보자.

2. 성직자의 아들과 교회 재산

성직자가 아들을 가지고 있다는 것이 교회적이며, 사회
적으로 심각한 생각거리를 던지게 한 것은 재산의 상속
과 관련이 있다. 이것은 무엇보다 먼저 교회의 재산은 성
직자에게 속한 것인가, 아니면 교회에 속한 것인가 하는
질문을 던지게 한다. 다음으로는 교회의 재산을 상속할
수 있는지이다. 이 질문은 성직자의 아들들이 상속을 받
을 수 있는 법적 근거는 어떠하냐는 질문을 낳는다.

2.1 교회의 재산은 누가, 어떻게 관리하는가?

사도행전 4장에서 신자들이 자신들의 재산을 "사도들
의 발 앞에 두었다"는 구절과 5장의 아나니아와 삽비라
이야기는 교회의 재산을 성직자들이 공동으로 관리한다
는 생각을 하게 하였다. 예를 들어, 222년에 로마의 감독
우르바누스^{Urbanus} 1세는 아나니아와 삽비라 이야기를 인
용한 뒤 교회 재산은 어떤 특정한 개인의 소유가 아니라,
성직자로 서품을 받은 자들이 공동으로 관리해야 하는
것으로 간주한다.^{Mansi 1,750}

그러나 박해의 시대가 지나고 교회 조직이 세상의 지
배 조직처럼 견고해지면서 주교에게 힘을 실어주는 규정
이 나타난다. 그 예가 바로 '사도들의 규칙서'이다. 카논
37과 40에서 다음과 같이 규정하기 때문이다.

"교회의 모든 재산은 주교가 감독해야 하고, 오
직 하나님께서 헤아리는 대로만 관리해야 한
다."^{Mansi 1,38}
Omnium rerum ecclesiasticarum episcopus

curam gerat, & eas administret tamquam
Deo intuente.

"우리는 주교가 교회의 재산에 대한 권한을 가
진다고 명령한다."Mansi 1,38
Jubemus episcopum rerum ecclesiae potes-
tatem habere.

주교 편으로 기우는 법의 진화는 새로운 상황을 맞게
된다. 341년에 안디옥에서 열린 지역 종교회의는 교회 재
산을 관리하는 권한이 주교에게 있지만, 사용할 때는 사
제나 부사제와 논의하는 것을 전제한다. 그리고 꼭 필요
한 때에만 자신의 필요나, 자신을 방문하는 자들의 유익
을 위해 사용하는 것을 인정한다.

"(그러나) 만일 주교가 … 교회 재산을 사적인
유익을 위해 사용하거나, 사제들이나 부사제들
과 사전에 논의를 거치지 않고 교회의 수입이
나 토지의 결실을 관리하거나, 자신의 친척이나

형제나 아들들에게 권한을 주어 관리하게 할
경우, 그래서 이를 통해 교회 재산이 은밀한 방
법으로 허비된다면, 그는 지역 종교회의에 해명
해야 한다."Mansi2,1320

Sin autem … res in proprios usus convertat,
ecclesiae reditus, vel agrorum fructus non
cum presbyterorum vel diaconorum sen-
tentia administret, sed suis cognatis, vel fra-
tribus, vel filiis praebeat facultates, ut per
haec rationes ecclesiae latenter laedantur, is
det synodo provinciae rationem.

　여기에서 특별히 우리의 시선을 끄는 것은, 주교가 친
인척뿐만 아니라 자기 아들에게도 교회 재산을 관리하는
권한을 주기도 한다는 것이다. 이것은 교회 재산을 사유
화할 수 있는 위험성을 내포하고 있다. 그 때문에 주교의
사유재산과 교회의 재산을 구분하고 분리해야 한다는 규
정들이 고개를 든다. 이러한 규정은 이미 '사도들의 규칙
서'에 나타난다. 그런데 구분의 이유가 흥미롭다.

"주교가 자신의 개인적인 재산을 가지고 있다면
그 재산과 교회의 재산이 정확하게 알려져야
한다. 그래서 주교의 사적 재산이 그가 죽을 때
그의 권한 속에 있으며, 그가 물려주고 싶은 자
에게 물려줄 수 있도록 하기 위해서 말이다. 또
한 때로 아내나, 자유 신분의 아들들이나, 친척
이나, 하인들을 가지고 있는 주교의 재산이 교
회의 것으로 둔갑하여 없어지지 않도록 말이
다."[Mansi 1,38]

Manifestae sint episcopi res propriae, si
quidem res habet proprias, & manifestae
res Dominicae, ut sit in potestate morien-
tis episcopi, propria vult & ut vult relinque-
re, & non rerum ecclesiasticarum praetextu
res episcopi intercidantur, qui nonnunquam
uxorem habet & liberos, vel cognatos, vel
famulos.

'사도들의 규칙서'는 주교의 가족들을 배려하여 주교의

사적 재산이 보호받아야 한다는 의견을 피력한다. 그러
나 그것 외의 다른 것은 상속의 대상이 되지 않는다. 이
것을 카논 75에서 분명히 표명한다.

"어떤 주교도 형제나 아들이나 다른 친척들에게
호의를 베풀며, 인간적인 애착 때문에 (그들 중
에) 자신이 원하는 자를 주교의 자리에 선출해
서는 안 된다. 왜냐하면, 그가 자신의 주교직에
상속자를 임명하고, 하나님께 속한 것을 물려
주는 것은 옳지 않기 때문이다. 그런데도 누군
가 이것을 행했다면, 이 선출은 효력이 아예 없
는 것이다. 또한 그 자신은 제명이라는 벌을 받
아야 한다."Mansi 1,46

Quod non oportet episcopum fratri, vel fi-
lio, vel alii cognato gratificantem, humana
affectione ad episcopatus dignitatem, quem
vult, eligere. Episcopatus enim heredes fa-
cere justum non est, ea quae Dei sunt lar-
gientem. Si quis autem hoc fecerit, irrita

quidem electio maneat, ipse autem segre-
gatione mulctetur.

교회는 일찌감치 형제든, 아들이든, 조카든 그 누구에
게도 교회 재산이 상속될 수 없음을 분명히 선언한다. 여
기서 교회 상속은 교회 재산의 관리권이 있던 직과 관련
이 있다. 주교의 자리를 이어받는 것은 교회의 재산을 물
려받는 것을 의미했다. 요즘 말로 하면, 아버지가 아들에
게 교회를 물려줄 수 없다는 것이다. 이것은 교회 재산의
관리 권한을 아들에게 넘겨주는 것이기 때문이다.

교회 상속과 관련해 교회의 역사는 6세기 이후 혼란
에 빠진다. 단순히 특정한 한 교회의 문제가 아니라, 서방
교회 전반에 걸쳐 이 문제는 사회적인 물의를 불러일으
키는 적폐로 등장한다. 이것은 왜일까?

2.2 '자기 교회'ecclesia propria의 등장과 교회 재산

교황의 교서나 공의회의 결정들을 보면, 6세기에 접어
들면서 주교의 사적 재산은 상속이 되지만, 교회의 재산

2. 성직자의 아들과 교회 재산

은 교회에 귀속되어야 한다는 규정들이 부쩍 늘어난다.
아마도 교회의 재산을 사유화하는 일들이 빈번히 일어났
으며, 그 때문에 이러한 병폐를 막고 교회의 재산을 지켜
야 한다는 위기 의식이 팽배했기 때문일 것이다. 506년에
아그드^Agde에서 열린 지역 종교회의는 카논 48에서 주교
의 사적 재산과 교회의 재산을 엄격하게 분리한다.

> "주교가 사적으로 가지고 있거나 획득한 재산
> 중에서, 또는 그가 사적으로 가지고 있는 것 중
> 에서 무엇이나 자신이 원할 경우 상속자들에게
> 물려줄 수 있다. 그러나 교회에 속한 것은, 그것
> 이 토지이건 농산물이건 봉헌한 것이든, 모든
> 것을 교회의 권한에 유보해야 한다고 규정하였
> 다."^Mansi8,333
>
> Ut de rebus episcopi propriis vel acquisitis,
> vel quicquid episcopus de suo proprio ha-
> bet, haeredibus suis, sivoluerit, derelinquat.
> Quidquid vero de provisione ecclesiae suae
> fuerit, sive de agris, sive de frugibus, sive de

oblationibus, omnia in jure ecclesiae reser-
vare censuimus.

주교의 사적 재산을 지켜주려는 의도보다는 교회의 재
산을 지키려는 의도가 더 묻어나는 규정이다. 이러한 뉘앙
스가 같은 종교회의의 카논 33에서 보다 분명히 드러난다.

> "만일 아들이나 조카가 없음에도 교회가 아닌
> 다른 자에게 상속한 주교가 교회 일이나 교회
> 의 필요와는 상관없이 교회로부터 무엇인가를
> 받았다면, 그가 팔거나 기부한 것은 효력이 없
> 는 것으로 간주해야 한다. 그러나 아들을 가진
> 자의 경우, 그의 상속자들이 그가 물려주는 재
> 산과 관련하여 교회가 손해를 보지 않도록 조
> 언해야 한다."[Mansi8,330]
>
> Episcopus, qui filios aut nepotes non ha-
> bens, alium quam ecclesiam relinquit hae-
> redem, si quid de ecclesia, non in ecclesi-
> ae causa aut necessitate praesumpsit, quod

distraxit, aut donavit, irritum habeatur. Qui
vero filios habet, de bonis quae reliquit, ab
haeredibus ejus indemnitatibus ecclesiae
consulatur.

'사도들의 규칙서'에 비해 저울추가 교회 쪽으로 기울
어진 것을 완연히 볼 수 있다. 그만큼 주교의 사적 재산
의 침해보다는 상속을 통한 교회 재산의 사유화와 이로
인한 교회의 피해가 더 컸던 것 같다. 그 때문에 점점 더
상속을 금지하는 쪽으로 기조가 바뀐다. 예를 들어, 531
년에 톨레도^{Toledo}에서 열린 지역 종교회의는 카논 4에서
다음과 같이 규정한다.

"성직자 중의 누군가가 교회에 속한 밭이나 포
도밭을 자신의 것으로 만들었다는 것이 증명된
다면, 그는 생계를 위한 목적으로 자신이 죽을
때까지만 그것을 소유해야 한다. 그가 세상을
떠난 뒤에는 이전 교회법 규정들에 따라 그의
권리는 교회에 반환되어야 한다. 유언에 의해서

든 상속법에 의해서든 상속자나 상속대리인 중
의 누군가에게 물려주어서는 안 된다."^{Mansi8,786}
Si quis sane clericorum agella vel vineolas
in terris ecclesiae sibi fecisse probatur, sus-
tentandae vitae causae usque ad diem obi-
tus sui possideat. Post suum vero de hac lu-
ce discessum, iuxta priorum canonum cons-
titutiones ius suum ecclesiae sanctae resti-
tuat. Nec testamentario ac successorio iu-
re cuiquam heredum aut proheredum relin-
quat.

주교는 물론, 그 외의 성직자들이 성직 임명과 함께 받
게 되는 성직록은 평생에 걸친 것이었다. 많은 경우 이 성
직록은 토지를 받는 것으로 대체되었다. 성직자가 직접
농사를 짓는 경우도 있었지만, 소작을 주고 소작료를 받
는 경우도 있었다. 그런데 성직록으로서의 이 토지를 죽
을 때까지 소유한다면, 이것이 성직자의 사적인 재산인지
아니면 교회의 재산인지 하는 논쟁이 일어날 충분한 소

지가 있었다. 실제로 성직록으로 받은 것을 아들들에게 물려주는 성직자들도 있었다. 이로 인한 갈등과 이것을 해결하기 위해 도입된 세부적인 규정을 561-56년까지 교황의 직에 있었던 펠라기우스 1세가 시칠리아 동남부 해안 도시인 사라쿠사^{Siracusa}의 귀족 케테구스^{Cethegus}에게 보낸 편지에서 읽을 수 있다.

> "시라쿠사 도시의 주교에 대해서도 우리는, 그의 서품을 오랫동안 미루어야 할 여러 가지 이유가 없었다면, 곧바로 너희의 갈망에 따르고자 하였다. 그의 자질과 그리고 너희가 더 잘 알듯이, 그의 옆에 있는 아내와 아들들 때문에, 바로 그러한 자들로 인해 교회의 재산이 늘 위험에 빠지곤 하기에 우리는 오랫동안 결심을 할 수 없었다. … 그러나 그들의 의지가 돌이킬 수 없을 정도로 확고했기 때문에 … 우리는 행해야 할 것을 더 신중하게 결정하였다. 그것은 아들과 아내를 가진 자들을 주교직으로 서품하는 것을 금지하는 공의회의 명령을 강화하는

것이었다. 그리고 또한 그가 임명되기 전에 우리는 예방책을 다음과 같이 규정하였다: 그가 자신의 현재 재산을, 그것이 얼마나 적든, 목록에 기록하여 인정하고, 교회의 재산에 대해서는 그 어떤 것도 스스로나, 아들을 통해서나, 아내를 통해서나, 어떤 친척, 곧 집안이나 혹 외부에 있는 자를 통해서도 결코 소유해서는 안 된다. 그가 주교직에 있는 동안 얻은 모든 것은 교회의 소유로 해야 한다. 단지 기록된 것 이외에는 그 어떤 것도 그의 아들이나 상속자들에게 물려주어서는 안 된다."[Mansi 9,733-34]

De Syracusanae urbis antistite optaveramus in ipso initio gloriae vestrae desideriis obedire, nisi nos multiplex ratio ipsius non paucis temporibus ordinationem differre sacerdotii coegisset; ob hoc quod vel personae qualitas, & sicut vos melius nostis, vel superstes uxor, aut filii per quos ecclesiastica solet periclitari substantia, nostros animos diutius ab eius ordinatione suspenderent. ... Sed quia in voluntatis suae proposito irrevocabiliter perstiterunt, ... illud consultius iudicavimus faciendum, ut congrua providentia, causam propter quam principalis constitutio habentes filios et uxores ad episcopatus prohibet ordinem promovere, salva dispositione concilii muniremus. Qua de re summo studio ab eodem priusquam a nobis eum contingeret ordinari, huiusmodi exegimus cautionem, per quam et suam fateretur quantula esset praesentis temporis habita rerum descriptione substantiam, et nihil unquam per se, aut per filios, aut per uxorem, sive per quamlibet propinquam, aut domesticam, vel extraneam forte personam, de rebus usurparet Ecclesiae; et universa sui episcopatus quaesita tempore Ecclesiae dominio sociaret; nihil ultra id quod modo de-

scriptum est, filiis suis vel haeredibus relictu-
rus.

교회의 재산을 관리하고 감독하는 권한을 가진 주교에
게 상속의 권한을 가진 아내와 아들이 있다는 것이 얼마
나 교회의 사유화에 영향을 미쳤으면 주교로의 서품식을
거의 일 년 동안이나 미루었을까? 펠라기우스 1세의 편지
에 나오는 '솔레레'solere라는 단어는 실제로 그런 일이 일
상적으로 일어났음을 표현해준다. 어떻게 공적인 교회를
사유화하는 일들이 일어날 수 있었을까? 이것은 아마도
'자기 교회'에서 일어나던 일들이 공적 교회로 확산하였
기 때문일 것이다.

로마 제국 말기부터 주교의 권한 밖에 있는 사적인 교
회들이 있었다. 388년에 테오도시아누스Theodosianus에 의해
내려진 황제 령이 그러한 존재를 확인 시켜 준다.

"아폴리나리오스 추종자들과 다른 이단들을 추
종하는 모든 자에 대해 명령하기를 그들은 모
든 곳에서 제지되어야 한다. … 그들은 성직자

에게 서품을 주는 권한을 가져서는 안 된다. 공
적 교회에서든, 사적 교회에서든 회의를 소집
하는 권한도 없어야 한다."[CodexTheodosianusXVI,5,14]
Apollinarianos ceterosque diversarum hae-
resum sectatores ab omnibus locis iubemus
inhiberi, a moenibus urbium, a congressu
honestorum, a communione sanctorum; in-
stituendorum clericorum non habeant po-
testatem colligendarum congregationum
vel in publicis vel in privatis ecclesiis careant
facultate.

공적 교회는 주교의 감독과 관리를 받아야 한다. 그렇
다면 개인적으로 세운 사적 교회와 주교는 어떠한 관계
에 있는가? 441년에 오랑쥬[Orange]에서 열린 지역 종교회의
는 카논 9에서 어떤 주교가 자신의 관할 구역 밖에 교회
를 지을 경우, 이 교회를 헌당하고 사제를 임명하는 권한
은 해당 지역의 주교에게 있음을 천명한다.[Mansi6,437-38] 494
년에 지금의 알바니아 북서부에 있는 스코드라[Scodra]의 주

교 세네키우스^{Senecius}에게 보내는 편지에서 로마 감독 겔라시우스^{Gelasius}는 어떤 귀족이 자신의 땅에 교회를 세울지라도, 교회에 대한 모든 권한은 교회 설립자가 아니라, 해당 지역의 주교에게 있음을 상기시킨다.^{Mansi8,133-34} 이러한 '자기 교회'에 대한 존재와 규정에 대해서는 506년에 아그드에서 열린 지역 종교회의와 546년에 레리다^{Lerida}에서 열린 지역 종교회의에서도 나타난다.^{Petke,25-26}

자신의 땅에 '자기 교회'를 세운 자들이 '자기 교회'에 대한 애착과 집착을 가지는 것은 당연할 것이다. 이러한 애착은 '자기 교회'를 자신의 마음대로 주무르려는 마음의 표현일 수 있다. 실제로 이런 일이 자주 일어나 지역 주교와 갈등의 요인이 되곤 하였다. 589년에 톨레도에서 열린 제3차 지역 종교회의는 이 문제와 관련하여 카논 19에서 다음과 같은 결정을 내린다.

"교회를 세운 많은 사람이 교회법에 위배되게
교회를 봉헌하는 권한을 달라고 요청한다. 그
들이 교회에 기부한 재산에 대한 관리를 주교
의 영향권에서 빼앗기 위해서 말이다. 이러한

것은 과거와 관련해서도 비난을 받아야 하고, 미래와 관련해서도 완전히 금지되어야 한다. 모든 교회의 재산은 옛 규정들에 따라 주교의 감독과 관리를 받아야 한다."[Mansi9,998]

Multi contra canonum sic ecclesias, quas edificaverint, postulant consecrari, ut dotem, quam ei ecclesiae contulerint, censeant ad episcopi ordinationem non pertinere: quod factum & in praeteritum displicet, & in futuro prohibetur, sed omnia secundum constitutionem antiquam ad episcopi ordinationem et potestatem pertineant.

'자기 교회'를 둘러싼 긴장과 갈등은 설립자와 주교 사이에만 있는 것이 아니었다. '자기 교회'는 상속될 수 있었기에 상속자들과 주교 사이에도 끊임없이 이 긴장과 갈등이 재현되었다. 상속자들은 '자기 교회'를 자신의 재산으로 간주할 수 있는 위험에 노출되었다. 실제로 교회와 관련된 모든 것을 자신이 마음대로 할 수 있는 자신의 소유로 여기는 이들도 있었다. 결국 '자기 교회'를 둘러싼 긴장과 갈등은 교회 재산을 사유재산으로 보아야 하는가, 아니면 공적 재산으로 보아야 하는가와 맞물려 있음을 볼 수 있다.

그런데 물려줄 수도, 팔 수도 있는 '자기 교회'는 8세기에 들어오면서 그 수나 영향력에 있어서 갑작스럽게 부상한다. 토지를 가지고 있는 귀족이나 영주들이 자신들의 땅에 교회를 세우는 일이 부쩍 늘어났기 때문인데, 이것은 이 '자기 교회'를 재산증식의 한 방편으로 간주하였기 때문이다. 이런 관심은 이미 '자기 교회'가 등장할 때부터 예견된 것이었다. 교회 설립을 통해 자신의 경건을 드러내려는 열심도 있었지만, 교회로 들어오는 헌금이나 기부금에 관심을 가진 이들도 있었기 때문이다. 572년에 포르투갈의 브라가[Braga]에서 열린 두 번째 지역 종교회의는 이 문제를 간파하고 카논 6에서 다음과 같은 결정을 내린다.

> "요즘 널리 퍼져 있는바, 누군가 하나님을 섬기기 위해서가 아니라 이익을 얻기 위해 교회를 세우고, 자신의 땅 위에 교회를 세웠다는 이유

로 사람들이 내는 제물을 성직자들과 반반씩
나누고 있다. 몇몇 장소에서 이런 일이 일어나
고 있다고 한다. 그러므로 다음과 같은 것이 준
수되어야 한다: 어떤 주교도 이런 혐오스러운
생각에 동의해서는 안 되고, 성인들을 기리기
위해서가 아니라 돈을 벌고자 하는 마음으로
세워진 교회를 봉헌해서는 안 된다."[Mansi9,840]

Placuit, ut si quis basilicam non pro devotio-
ne fidei, sed pro quaestu cupiditatis aedifi-
cat, ut quidquid ibidem de oblatione popu-
li colligitur, medium cum clericis dividat: eo
quod basilicam in terra sua ipse condide-
rit; quod in aliquibus locis usque modo di-
citur fieri. Hoc ergo de cetero observari de-
bet, ut nullus episcoporum tam abominabili
voto consentiat, ut basilicam, quae non pro
sanctorum patrocinio, sed magis tributaria
conditione est condita, audeat consecrare.

이러한 금지에도 불구하고 8세기에 접어들어 '자기 교회'에 대한 재정적인 관심이 더욱 폭등한다. 그 이유는 칼 대제[Karl der Große]의 황제 령(779년과 784년)에 의해 십일조가 의무가 되고, 이로 인해 교회로 들어오는 재산이 급격히 늘어났기 때문이다. '자기 교회'는 재산 증식의 확실한 수단으로 인기를 끌 게 된다.

놀라운 것은 성직자들에 의해 세워지는 '자기 교회'도 적지 않았다는 것이다. 이런 교회에서는 자신이 직접 사역을 해도 되었기에 재정적인 수입은 훨씬 더 많았다. 성직자가 세운 이런 '자기 교회'는 여러 개가 되는 경우도 있었고, 그만큼 재정적인 수입이 많았다. 여러 지 교회를 소유하는 것이 바람직하지 않다는 비판의 소리가 쏟아지자 한 남자와 한 여자라는 부부관계의 모델을 따라 성직자도 한 교회만을 소유해야 한다는 규정들이 되풀이되어 결정된다.[Petke,27-28] 후에 이것은 루터의 면죄부 비판의 직접적인 원인이 되기도 한다. 막데부르크의 대주교 알브레히트[Albrecht]가 이 자리를 유지하면서 마인츠의 대주교 자리를 얻었고, 이러한 불법을 승인받기 위해 엄청난 돈을 교황에게 바쳐야 했기 때문이다.

2. 성직자의 아들과 교회 재산 79

'자기 교회'를 둘러싼 이러한 잡음은 알게 모르게 공적
교회에도 영향을 미쳤을 것이다. 성직자 중에 자신이 맡
은 교회를 '자기 교회'로 간주하며, 자신의 개인 재산으로
여기는 분위기가 알게 모르게 싹트고 있었을 것이다. 그
리고 '자기 교회'처럼 자식들에게 상속하거나 팔 수도 있
다고 여기는 이들이 고개를 들기 시작하였을 것이다. 특
히, 직접 '자기 교회'를 세운 성직자들의 경우는 당연히
그런 사고에서 벗어날 수 없었을 것이며, 이들의 영향은
공적 교회의 사유화에 적지 않은 영향을 미쳤을 것이다.

2.3 성직자의 불법적인 아들, '교회의 종'으로 규정되다

'자기 교회'의 사유화 문제는 토지 소유주만의 문제가
아니었다. '자기 교회'의 성직자로 임명된 자들에 의한 사
유화 논란도 심각하였다. 일반적으로 교회의 성직자를 임
명하는 권한은 지역의 주교에게 있었다. 그렇다면 '자기
교회'에 대한 성직자의 임명에 대한 권한은 누구에게 있
었을까? 이것은 토지의 소유주와 지역 주교 사이에 끊임
없이 갈등을 빚는 뜨거운 감자였다. 잠정적인 해결방안으

로 받아들여진 것은 소유주가 추천하고 주교가 서품을
주는 것이었다.

그렇다면 소유주는 어떤 자를 '자기 교회'의 성직자로
추천하였을까? 대부분의 경우 자신의 종 중에 한 사람을
추천하였다. 이렇게 추천된 자는 주교로부터 간단한 교
육을 받고 서품을 받았다. 서품을 받았기에 성직자이지만
그는 들에서 일하는 다른 종들과 마찬가지로 여전히 '종'
이었고, 주인의 권한 아래 있었다. 그 때문에 그는 주교보
다는 주인의 말을 더 따르는 경향이 있었다.

교회는 이러한 문제점을 언제까지 두고 볼 수만은 없
었다. 그래서 '자기 교회'의 성직자로 추천된 종이 주인에
의해 종의 신분에서 해방되어 자유자가 되기 전에는 서
품을 줄 수 없다는 규정을 되풀이하여 결정하였다. 예를
들어, 로마 감독 레오 1세는 캄파니아와 피체노와 토스카
나의 주교들에게 보내는 443년의 편지에서 다음과 같이
명한다.

> "어떤 주교도 다른 사람의 종으로 있는 자를 성
> 직에 임명하려고 해서는 안 된다."Mansi5,1126

Ut nullus episcoporum servum alterius ad
clericatus officium promovere praesumat.

종들을 성직에 임명하지 말라는 이 규정은 '자기 교
회'가 우후죽순으로 늘어나던 시기에 무엇보다 현실적으
로 해결해야 하는 교회의 숙제였다. 895년에 독일의 트
레부어^Trebur에서 열린 지역 종교회의는 그 고민의 흔적을
보여준다.

"종의 신분을 가진 자는, 먼저 법적 절차를 통해
주인으로부터 자유를 얻기 전까지는 결코 서품
을 받아서는 안 된다. 또한 자유를 얻는 경우에
는 서품식 전에 교부된 자유 증서가 강단에서
낭독되어야 한다. 누구도 이의를 제기하지 않을
때 비로소 서품을 줄 수 있다."^MGH Conc.5,377

Ut nulli de servili conditione ad sacros ordi-
nes promoveantur, nisi prius a dominis pro-
priis legitimam libertatem consecuti fuerint.
Cuius libertatis carta ante ordinationem in

auditu populi legatur, et si nullus contradi-
xerit, rite consecrabitur.

종이 성직자로 서품을 받기 위해서는 자유인이 먼저
되는 것을 전제한다. 그러나 이 규정이 항상 지켜진 것은
아니다. '자기 교회'가 존재하는 한, 그리고 소유주가 영
향을 미치려고 하는 한 이 문제는 늘 골칫거리였다.

그런데 당시의 신분 사회에서 세상에만 종이 있지 않
고 교회 안에도 종이 있었다. 교회의 재산이 주교의 관리
아래 있었기에 '교회의 종' 또한 주교의 권한 아래 있었
다. 그래서 이 '교회의 종'이 서품을 받기 위해서는 종의
신분에서 자유인으로 신분의 변화가 있어야 했다. 655년
에 스페인의 톨레도에서 열린 제9차 지역 종교회의는 이
와 관련해 카논 11에서 다음과 같이 결정한다.

"교회의 종의 신분에서 성직으로 부름을 받는
자들이 그의 주교로부터 자유의 선물을 받고,
그들의 삶이 정숙하다는 것이 근거들을 가지고
명확해졌다면, 그들은 대부분의 교회사역을 수

행할 수 있다. 그러나 고칠 수 없는 방탕한 행실
이 그들을 더럽혔다면 다시 영원한 종의 신분
으로 돌아가야 한다."^{Mansi 11,29}

Qui ex familiis ecclesiae servituri devocantur
in clerum, ab episcopis suis libertatis neces-
se est percipiant donum, et si honestae vi-
tae claruerunt meritis, tunc demum majori-
bus fungantur offitiis, quos vero flagitii sor-
didaverit incorrigibilis noxa, perpetua servi-
tus conditionis releget in catenam.

그런데 이 지역 종교회의에서 매우 독특한 규정이 내
려진다. 그것은 어떤 자들이 '교회의 종'이 되는가에 대한
것으로 카논 10에 나온다.

"고위 성직자 직에 세워진 자들이, 주교에서 차
부제에 이르기까지 누구를 막론하고, 하녀나
자유부인과 혐오스러운 결합을 통해 아들들을
낳고, 이들로부터 아들이 태어났다는 것이 증

명된다면, 그들은 교회법에 따라 단죄를 받아
야 한다. 또한 오염을 가지고 태어난 아들들은
부모로부터 상속을 받지 못할 뿐만 아니라, 아
버지가 사제나 부제로 있었던 교회에서 오점을
가지고 태어났기에 법에 따라 바로 그 교회의
종으로 영원히 남을 것이다."[Mansi 11,29]

Ideoque qilibet ab episcopo, usque ad sub-
diaconum deinceps, vel ex ancillae, vel ex
ingenuae detestando connubio in honore
constituti filios procreaverint; illi quidem ex
quibus geniti probabuntur, canonica censu-
ra damnentur, proles autem, tali nata pol-
lutione, non solum parentum haereditatem
nusquam accipiat, sed etiam in vervitutem
eius ecclesiae, de cujus sacerdotis, vel minis-
tri ignominia nati sunt, jure perenni mane-
bunt.

이 규정에서 우리의 관심을 끄는 것은, 합법적이지 않

은 아내와의 사이에서 태어난 모든 아들을 해당 '교회의 종'으로 간주하는 것이다. 당시의 법에 따르면, 종은 일체의 상속권을 가질 수 없었다. 그 때문에 이 규정은 교회 및 교회와 관련된 모든 재산의 대물림을 막는 기묘한 해법이라 할 수 있다.

  그러나 법을 피해 가는 편법이란 늘 있게 마련이다. '교회의 종'으로서 성직자가 된 자들이 택한 방법은 자유로운 신분의 여인과 결혼하는 것이다. 이 자체도 이미 불법이다. 성직자로 서품을 받은 뒤의 모든 결혼은 합법적이지 않기 때문이다. 그런데도 이런 방법을 통해 자기 아들들에게 자신의 재산 및 교회까지 물려주려는 이들이 끊이지 않았다. 이로 인한 교회의 사유화는 교회가 풀어야 하는 숙제가 되었다.

  누구보다 이 문제를 심각하게 바라보고 그 해결에 앞장 선 사람이 있다. 바로 교황 베네딕투스^Benedictus 8세다. 1022년에 열린 파비아^Pavia 공의회에서 그는 비교적 긴 개회 연설에서 다음과 같이 말한다.

  "교회의 종에서 성직자가 된 자들까지도 이방인

처럼 살면서 성직자로 불린다. 법적으로는 모든
여성과 차단되어야 함에도, 자유로운 신분의 여
성에게서 아들을 낳아서 … 이 아들이 마치 자
유자인 것처럼 자유로운 어머니를 따르게 하였
다. 이 사악한 아버지들은 매우 드넓은 토지와
많은 세습재산과 교회의 소유로부터 얻을 수
있는 모든 재산을, 그들이 다른 곳으로부터는
얻지 못하기에, 바로 자신들의 수치스러운 아들
들을 통해 획득한다. … 이들이 바로 교회를 혼
란스럽게 하는 자들이다. … 이제는 교회의 종
들의 아들 중에 이런 속임수를 통해 성직을 갈
망하지 않는 자들이 아주 드물거나, 아예 없다.
(물론 이것을 갈망하는 것은) 하나님을 섬기기
위해서가 아니라, 자유 신분을 가진 여자들과의
성관계를 통해 자신들의 아들이 교회의 모든
재산을 약탈한 후에 교회의 종의 신분에서 마
치 자유로운 자처럼 나가게 하기 위해서다. …
그러나 아버지가 종이면, 아들 또한 종이다. …
그러므로 교회의 종인 성직자들의 아들들은

자유자에서 나와도, 그들이 하녀에서 나온 것처럼 그렇게 교회의 종이다."^{Mansi 19,343-50}

Ipsi quoque clerici qui sunt de familia ecclesiae, si sunt dicendi clerici qui vivunt ut ethnici, cum sint ab omni muliere legibus exclusi, ex liberis mulieribus filios procreant, ... ut matrem liberam filii quasi liberi prosequantur. ... Hi sunt, o caelum, o terra! qui tumultuantur contra ecclesiam. ... Sic aut perrarus aut ex familia ecclesiae nullus iam invenitur qui valeat, quia hac fraude omnes filii servorum ecclesiae ad clericatum aspirant, non ut Deo serviant sed ut scortati cum liberis mulieribus, filii eorum de famulatu ecclesiae cum omnibus bonis ecclesiae raptis quasi liberi exeant. ... Si servi sunt patres, servi erunt et filii. ... Filii igitur clericorum servorum ecclesiae, ita de libera sicut de ancilla, servi suae erunt ecclesiae...

부계를 잇는 당시의 사회전통을 따라 교회에 매인 성
직자에게서 태어나는 모든 자식 또한 교회에 매인 자들
이라는 것이다. 이러한 자리매김이 중요한 것은 종은 상
속권이 없기 때문이다. 그래서 파비아 공의회는 카논 3에
서 다음과 같은 결정을 선포한다.

> "모든 성직자와 교회의 종인 모든 신분의 아들
> 들과 딸들은 자유로운 신분의 여인에게서 나
> 왔든, 어떤 방식의 결합으로부터 나왔든, 누군
> 가의 손을 통해 획득한 모든 재산과 함께 그들
> 의 원래의 교회에 예속되어야 한다. 그리고 교
> 회의 종신분에서 결코 해방되지 못할 것이다."
>
> Mansi 19,353

Filii et filiae omnium clericorum omniumque
graduum de familia ecclesiae, ex quacum-
que libera muliere, quocumque modo si-
bi coniuncta fuerit, geniti, cum omnibus bo-
nis per cuiuscumque manus adquisitis ser-
vi proprii suae erunt ecclesiae nec umquam

ab ecclesiae servitute exibunt.

그러나 시대가 어떤 시대인가? 모든 것을 돈으로 사고
팔 수 있는 시대에 이런 규정이 얼마나 영향력을 발휘할
수 있었을까? 이미 불법을 저지른 아버지들이 자신의 자
녀들을 위해 무슨 짓이든 못 하겠는가? 때문에 더욱 더
근원적인 해결방법은 성직자들의 결혼을 원천 봉쇄하는
것이다. 카논 1과 2는 모든 성직자로 하여금 여성과의 관
계를 금하고, 지키지 않는 자에게는 파면에 처할 것이라
경고한다. 또한, 카논 4에서는 성직자들의 성적 불법에 눈
을 감아주며 그들의 아들들을 자유자라고 판결을 내리는
모든 자는 저주를 받을 것이라고 못을 박는다. 그러나 이
러한 결정을 당시의 결혼한 성직자들이 얼마나 진지하게
받아들였을까?

3. 성직자의 아들은 성직자가 될 수 있는가?

앞에서 보았듯이, 파비아 공의회에서 교황이 한 개회

연설은 불법적 존재로 여겨지는 성직자의 아들 중에 성직자가 되는 이들이 있었다고 전한다. 1031년에 부르주^{Bourges}에서 열린 지역 종교회의에서는 성직자 아들들의 정체성에 대해 좀 더 진전된 규정이 나온다. 먼저 카논 5에서는 이미 서품을 받은 자들에 대해 언급한다. 어떤 사제도, 부제도, 차부제도 아내나 내연녀를 가져서는 안 되며, 그런 자를 버리지 않는 자들은 자신의 직분과 사역을 잃게 된다는 것이다. 카논 6에서는 차부제로 서품을 받는 자들과 관련해 아내나 내연녀를 갖지 않겠다고 서원을 한 자들에게만 차부제 서품을 주어야 한다고 명한다. 그리고 카논 8에서 다음과 같이 규정한다.

> "사제와 부제와 차부제의 아들들이 (아버지가) 사제직에 있을 때나, 부제직에 있을 때나, 차부제직에 있을 때 태어났다면, 어떤 방법으로도 성직에 받아들여져서는 안 된다. 왜냐하면 이러한 자들과 합법적이지 않은 관계에서 태어난 모든 자는 저주받은 씨(곧, 사생아)로 불리고, 세상 법에서 상속자가 될 수도, 증인으로 받아

들여질 수도 없다. 그런 자로서 지금 성직자로
있는 자들은 거룩한 서품을 받아서는 안 된다.
지금 어떤 직분에 있던지, 그 직분에 머물러야
하고, 그 이상의 직분으로는 올라가지 못한다."

Mansi 19,504

Vt filii presbyterorum, sive diaconorum, si-
ve subdiaconorum, in sacerdotio, vel diaco-
natu, vel subdiaconatu nati, nullo modo ul-
terius ad clericatum suscipiantur: quia tales,
& omnes alii qui de non legitimo conjugio
sunt nati, semen maledictum in scripturis
divinis appellantur, nec apud saeculares le-
ges haereditari possunt, neque in testimo-
nium suscipi. Et qui de talibus clerici nunc
sunt, sacros ordines non accipiant: sed in
quocumque gradu nunc sunt, in eo tantum
permaneant, & ultra non promoveantur.

차부제 이상의 직에 있는 성직자가 아들을 낳을 경우,

이 아들은 정부인에게서 낳았든, 내연녀에게서 낳았든 사생아로 간주한다. 이 사생아는 법적으로 상속이나 증인의 권한이 없을 정도의 '결함'을 갖고 태어난 자로서 성직으로 가는 길이 차단된다.

부르주 지역 종교회의는 성직자의 결혼 및 자녀 문제를 해결하기 위해 좀 더 구체적인 규정들을 만들어낸다. 성직자들이 결혼한다는 것은, 당시의 사회적 관습에 의하면, 딸을 주는 아버지가 있기 때문이다. 이것은 성직자의 자식들이 결혼하는 경우에도 해당한다. 이런 문제를 근원적으로 차단하기 위해 부르주 회의는 카논 29와 30에서 다음과 같은 규정을 만든다.

"누구도 자신의 딸을 사제에게도, 부제에게도, 차부제에게도, 그리고 그들의 아들들에게도 아내로 주어서는 안 된다."Mansi 19,505

Vt nullus filiam suam det exorem presbytero, neque diacono, neque subdiacono, neque filiis eorum.

> "누구도 사제나, 부제나, 차부제의 딸이나, 그들
> 의 아내를 아내로 맞아서는 안 된다. 왜냐하면,
> 이것은 가증스러운 것이기 때문이다."^{Mansi 19,505}
>
> Vt nullus filiam presbyteri, neque diaconi,
> neque subdiaconi, neque exores eorum in
> conjugium accipiat, quia detestabile est.

　이렇게까지 해야 할까 하는 의문을 제기할 수 있을 정
도로 성직자의 결혼을 원천적으로 봉쇄하려는 의도가 드
러난다. 그러나 이런 규정은 성직자들의 밑바닥 현실에
부딪혀 관철되지 못한다. 그래서 수정의 길을 걷는다. 이
러한 수정의 전형적인 예가 바로 1078년에 푸아티에^{Poitiers}
에서 열린 지역 종교회의다. 카논 8에서 다음과 같은 규
정이 결정되기 때문이다.

> "사제의 아들 및 간음을 통해 태어난 자들은,
> 수도승이 되거나 참사회에서 규칙에 따라 살
> 지 않는 한, 성직자로 서품을 받을 수 없다.
> 또한, 고위 성직자 직을 절대로 가지지 못한

다."^{Mansi20,498}

Ut filii presbyterorum et ceteri ex fornicatio-
ne nati ad sacros ordines non promoveant-
tur, nisi aut monachi fiant, vel in congrega-
tione canonica regulariter viventes. Praela-
tionem vero nullatenus habeant.

정식 부인을 통해 낳았건, 내연녀를 통해 낳았건 성직
자의 아들들에 대해 성직자가 되는 길을 원천적으로 차
단하지는 않는다. 조건은 먼저 수도승이나 참사회원이 되
어 아버지를 보면서 알게 모르게 익혔을 구습을 벗어버
리는 훈련을 해야 한다. 이런 훈련을 거쳐 경건한 자가 되
었다 하여 성직자가 될 수 있는 것은 아니다. 차부제 이상
의 고위 성직자는 될 수 없고, 문지기, 강독자, 축귀 사역
자, 복자 등의 하위 성직자만 될 수 있었다.

이 푸아티에의 결정은 이후 약간의 수정을 거쳐 중세
를 관통하는 기초석이 된다. 바로 그 역할을 1089년에 이
탈리아 남부의 멜피^{Melfi}에서 열린 지역 종교회의가 한다.
카논 14에서 다음과 같이 결정되기 때문이다.

"사제의 아들들이 거룩한 제단을 섬기는 직무
에서 배제되어야 한다고 우리는 명령한다. 만일
그들이 수도원이나, 참사회에서 경건하게 사는
것이 증명되지 않았다면 말이다."[Mansi20,724]
Presbyterorum filios a sacris altaris minister-
iis removendos decernimus, nisi aut in co-
enobiis, aut in canonicis religiose probati
fuerint conversari.

　'거룩한 제단'을 섬기는 일은 고위 성직자들의 사역이
다. 그 때문에 조건절로 제시한 것이 이루어진다면 사제
의 아들들도 제단을 섬기는 성직자가 될 수 있다는 것이
다. 그 조건이란 아버지처럼 여자와 함께 사는 문화의 때
를 벗는 것이다. 이를 위해 순결의 서원을 하고 수도원이
나 참사회에서 오랫동안 수행을 해야 했다. 이러한 조건
에도 불구하고 일단 사제의 아들들이 성직자로 나아갈
수 있는 길이 열리게 되었다.
　이런 열림에는 아마도 아들을 둔 성직자 아버지나, 아
버지를 성직자로 둔 아들들 편에서 끊임없이 제기한 불만

도 한 몫을 하였을 것이다. 실제로 성직자의 아들들로서 성직자가 된다고 할지라도 평생 하위 성직자로 머물러야 한다는 푸아티에의 규정은 저항에 부딪힌다. 그 한 예가 캔터베리의 대주교 안셀무스가 교황 파스칼리스[Paschalis]에게 보내는 서신에 나온다.

> "성직자의 아들이나, 내연녀 사이에 태어난 아들에 관해 묻고자 합니다. 그들은 오래전부터 어떤 (낮은 지위의) 직책을 받았습니다. 그리고 경건한 삶을 살기로 약속하였습니다. 그러나 더 높은 지위로 올라갈 수 없다면, 세상의 불결함으로 완전히 돌아가고자 합니다. 그들에 대해 어떻게 해야 합니까?"[Mansi20,1021]
>
> De sacerdotum filiis, vel concubinarum, qui quosdam olim gradus acceperunt, & volunt omnino redire ad immunditias saeculi, nisi ad majores promoveantur, promittunt religiosam vitam, quid agendum est?

성직자의 아들 중에는 합법적인 성직자들보다 도덕적으로나 학문적으로나 훨씬 더 뛰어난 자질을 가진 자들도 있었을 것이다. 이런 자 중에 얼마는 성직자의 아들이라는 이유 하나만으로 차부제도 못 되고, 문지기나 강독자로만 살아야 한다는 것을 혹독한 운명으로 받아들이는 자들이 있었다. 넘을 수 없는 벽 앞에서 절망하여 주저앉는 이들도 있었지만, 그 벽을 넘고 싶은 이들도 있었을 것이다. 이런 자들을 위해 안셀무스는 탈출구를 마련해주려고 한 것 같다.

교황은 어떤 반응을 보이는가? 일반적인 교회법에 의하면, 긍정적인 답변을 기대할 수 없다. 아니나 다를까? 그는 이렇게 답변한다.

"성직자나 내연녀의 아들들에 대해 그들이 어떤 삶을 붙잡아야 하는지 우리 사도좌의 전임 주교들이 정한 것을 네가 알고 있으리라 생각한다. 우리는 그들의 발자취에서 벗어나고자 하지 않는다."[Mansi20,1021]

De sacerdotum filiis, vel concubinarum,

quam vitam tenendam praedecessores
nostri sedis apostolicae pontifices instituere,
nosse te credimus. Nec nos ab illorum volu-
mus aberrare vestigiis.

전통적인 교회법을 따르겠다는 원론적인 답변으로 문
제의 아들들에게 고위 성직자로 올라가는 길을 허락하지
않겠다는 말이다. 일단은 기본적인 법을 지키겠다는 모
습을 볼 수 있다. 그러나 영국 교회의 밑바닥 현실에 마
냥 눈을 감고 있을 수만은 없었다. 아마도 안셀무스 외에
도 이런 질문을 보내는 이들이 적지는 않았을 것이다. 그
리고 교황 편에서도 밑바닥 현실을 알아보는 노력 또한
전혀 없지는 않았을 것이다. 이러한 정황을 안셀무스에게
보내는 다른 편지에서 엿볼 수 있다.

"영국 지역에 그런 종류의 성직자들이 매우 많
고, 정말 좋은 성직자들은 그들에게서 나온다
고 평가된다. 그래서 우리는 너의 염려에 면제
권을 발동한다. 그들이 앎과 삶에 있어서 칭찬

할 만하기 때문에 현재의 필요와 교회의 유익
을 위해 거룩한 직책으로 승진시킬 것을 허락
한다."[Mansi20,1063]

Caeterum quia in Anglorum regno tan-
ta hujusmodi plenitudo est, ut major pene
& melior clericorum pars in hac specie cen-
seatur: nos dispensationem hanc sollicitudi-
ni tuae committimus. Eos enim, quod scien-
tia & vita commendat, apud vos ad sacra
officia promoveri, pro neccessitate temporis
& utilitate ecclesiae concedimus.

　성직자들의 밑바닥 현실을 반영한 이러한 한시적인 승
인은 아마도 안셀무스가 원했던 것이리라. 여기서 중요한
것은 교황의 '면제 권한'[dispensatio]이다. 교회법보다 상위법
으로 간주하는 이 면제권은 특정한 개인이나, 사건에 대
해서만 효력을 발생하는 한시적인 것이다. 그러나 이런 선
례는 의도하지 않는 결과를 낳기 마련이다. 교황의 면제
권을 받아내려는 이들의 수요가 늘어나면서 이것은 돈을

받고 내주는 성직매매의 온상이 되기 때문이다.

4. 성직자의 아들은 아버지의 교회를 세습할 수 있는 가?

성직자의 아들이 성직자가 될 수 있고, 심지어 높은 단계의 성직자로 올라가는 것을 어느 정도 허락하는 것은 아버지가 목회한 교회를 물려받을 수 있는 가능성에 문을 열어주는 것이다. 과연 이 문제에 대해 중세는 어떤 입장을 취하였을까?

1102년에 안셀무스의 좌장 아래 열린 런던 지역 종교회의의 결정을 보면, 우리의 눈을 끄는 것이 있다. 카논 7로 교회 세습과 관련된 내용이다.

> "성직자의 아들들은 그의 아버지 교회의 후계자
> 가 되어서는 안 된다."[Mansi20,1151]
> Ut filii presbyterorum non sint heredes ec-
> clesiarum patrum suorum.

짧은 문장이지만 단호한 목소리다. 인간적인 배려에 의
해 성직자의 아들들에게 한시적으로 차부제, 부제, 사제,
주교가 되는 길을 열어는 주었지만, 그렇다고 교회 세습
까지 허락할 수는 없었다. 성직자들의 결혼을 수없이 되
풀이하며 금지한 이유 중의 하나가 바로 아내와 자녀들
로 인해 교회의 재산이 상속을 통해 사유화되는 위험에
노출되기 때문이지 않았는가? 그런데 아예 교회를 맡을
수 있는 직책까지 올라갈 수 있게 되었으니 교회의 사유
화는 시간문제였다. 안셀무스는 이것까지는 동의할 수 없
었다. 그래서 단호하고 명확하게 교회 세습을 반대하는
것 같다.

1119년에 툴루즈에서 열린 지역 종교회의는 상속과 관
련하여 런던 종교회의의 결정을 넘어서는 규정이 나온다.
카논 8은 다음과 같이 규정한다.

> "어떤 주교도, 어떤 사제도, 한마디로 말해서 성
> 직자 중의 누구도 교회의 직분이나, 성직록을
> 상속법을 따르는 것인 양 누군가에게 물려주어
> 서는 안 된다."Mansi21,227

Nullus episcopus, nullus presbyter, nullus omnino de clero, ecclesiasticas dignitates vel beneficia cuilibet, quasi jure hereditario derelinquat.

당시 자식이나, 조카에게 교회의 자리나 성직록을 대물림하는 것이 얼마나 문제가 되었으면, 같은 해 랭스[Rheims]에서 열린 지역 종교회의에서 툴루즈의 규정과 토씨 하나 다르지 않고 똑같은 규정이 반복되었을까?[Mansi21,236] 그런데 이 공의회에서 결정된 다섯 개의 규정들을 순서대로 보면 성직매매, 서임권 문제, 교회 재산의 약탈, 교회 세습 그리고 성직자의 성 문제다. 모든 것이 개별적인 것이 아니라, 서로 밀접히 연관되어 있는 것들이다. 그래서 교회 세습은 성직매매라는 말이 공공연하게 나돌게 된다.

1127년에 낭트[Nantes]에서 열린 지역 종교회의도 이 문제에 나름대로 해답을 내놓으려 노력한다. 툴루즈의 대주교가 교황 호노리우스[Honorius] 2세에게 보내는 편지에 다음과 같은 내용이 실려 있다.

"성직자의 아들들에게 서품을 주는 것을, 그들이 먼저 참사회원이나 수도승이 되지 않았다면, 공의회는 우리에게 금지했습니다. 이들이 서품을 받은 것이 확실하기 때문에, 세습이 폐지되어야 한다고 생각한 우리는 그들에게 그들의 아버지가 사역하고 있는 교회에서 사역의 권한을 제거하였습니다. 성직록과 교회의 높은 직분도 상속을 통해 얻는 것을 엄격하게 금지하였습니다."[Mansi21,353]

Ordinari filios sacerdotum, nisi prius canonici regulares aut monachi fierent, assensu communi nobis synodus interdixit. His autem quod jam ordinatos constabat, abolendae successionis intuitu, in ecclesiis quibus patres eorum ministrarent, ministrandi abstulimus facultatem. Praebenda, & quaslibet ecclesiae dignitates, rigore quo debuit inhibitum est hereditate obtineri.

세습 자체를 막기 위해 이미 서품을 받을 때, 아버지의
교회를 세습하지 않겠다고 서약을 하고, 그 때문에 아버
지의 교회에서는 아예 사역을 못 하게 하는 엄격한 모습
을 볼 수 있다.

5. 성직자의 아들들에 관한 제2차 라테란 공의회의 결
   정들

이제 이번 장의 종착지에 도착했다. 일반적으로 사제
의 결혼 금지, 곧 독신제가 이 공의회에서 최종적으로 결
정되었다고 간주하기에 세심히 들여다볼 필요가 있다.
무엇보다 먼저, 공의회는 성직매매를 통한 서품에 관해
언급한다.

> "우리는 명령한다: 누군가 성직매매적으로 서품
> 을 받았다면, 그는 성직에서 완전히 물러나야
> 한다. 왜냐하면 그는 그것을 불법으로 취득한
> 것이기 때문이다."Mansi21,526

Statuimus, si quis simoniace ordinatus fuerit,
ab officio omnino cadat quod illicite usurpa-
vit.

여기서 '성직매매적으로 서품을 받는다'는 말은 교회
가 1,000여 년이나 되는 긴 세월 동안 이 문제와 씨름하
며 해결책을 만드는 과정에서 나온 말이다. 교회를 내부
에서 무너뜨리는 가장 큰 위협으로 간주하는 이 성직매
매는 무엇보다도 서품을 주고, 받는 과정에서 가장 극심
하게 자행되었다. 그 때문에 이를 근절하기 위해 고민하
던 교회는 성직매매적인 서품을 세 부류로 세분화하여
대처한다. 이것을 우리는 1059년에 열린 라테란 지역 종
교회의에서 엿볼 수 있다. 개회 연설에서 교황 니콜라우
스Nicholaus 2세는 성직매매 문제를 제일 화두로 던진다.Mansi
19,899 그리고 이어지는 회의에서 아홉 번째로 다음과 같은
카논이 결정된다.

    "누구도 성직매매적 이단을 통해서는 그 어떤
    성직으로 서품을 받지도 못하고, 승진도 못 한

다."^{Mansi 19,898}

Ut per simoniacam haeresim nemo ordine-
tur vel promoveatur ad quodlibet ecclesias-
ticum officium.

　라테란 지역 종교회의는 성직매매를 최초의 이단으로
간주하는 교회의 전통을 이어받아 성직매매를 통한 모든
서품을 금지한다. 이 간단한 결정에 대해 니콜라우스 2세
는 갈리아와 피레네산맥의 남북 지역의 성직자들과 평신
도들에게 보내는 편지에서 좀 더 자세히 설명한다.

　"다음으로, 우리는 세 종류의 성직매매적인 이
　단에 대한 장을 덧붙인다. (이 세 가지 부류란)
　성직매매적인 방법으로 서품을 주거나 받은 성
　직매매와 성직매매자가 아닌 자들에 의해 성직
　매매적으로 서품을 받는 성직매매와 성직매매
　자들에 의해 서품이 진행되었지만 성직매매적
　이지 않은 방법으로 받은 성직매매가 그것이다.
　첫 번째 성직매매자들은 교회법에 근거하여 자

신들의 직분을 반드시 잃는다. 두 번째 성직매
매자들도 악한 방법으로 얻은 직에서 제거되어
야 한다. 세 번째 부류의 성직매매자들은 형편
과 필요에 따라 (새로운) 안수를 통해 사제의
직에 머물러도 된다."^MGH Conc.8,405

Aliud quoque addimus capitulum de symo-
niacha tripertita heresi, id est de simonia-
chis simoniache ordinatoribus vel ordinatis
et de simoniachis simoniache a non simo-
niachis et de simoniachis non simoniache a
simoniachis. Simoniachi simoniache ordinati
vel ordinatores secundum ecclesiasticos ca-
nones a proprio gradu decidant. Simoniachi
quequo simoniache a non simoniachis ordi-
nati similiter ab officio male accepto remo-
veantur. Simoniachos autem non simonia-
che a simoniachis misercorditer per manus
impositionem pro tempore er necessitate
concedimus permanere in officio.

성직매매를 이 세 부류로 나누어 정의하는 것은 이후 페트루스 롬바르두스, 토마스 아퀴나스, 존 위클리프 등에게 계속 이어지는 전통이 된다.

제2차 라테란 공의회는 성직매매를 제일 먼저 결정하며 이전의 지역 종교회의나 공의회의 전통을 따른다. 일반적으로 성직매매에 이어 곧바로 나오는 주제가 성직자의 재산과 독신 문제다. 제2차 라테란 공의회도 이 순서를 그대로 따른다. 독신제에 관한 규정은 6번째 카논으로 나온다.

> "우리는 또한 명령한다: 차부제의 직위나 그 이상으로 올라가는 자들이 결혼하거나, 내연녀와 함께 살 경우 그들의 직분과 성직록을 잃게 될 것이다."Mansi21,527
>
> Decernimus etiam ut ii, qui in ordine sub-diaconatus, & supra, uxores duxerint, aut concubinas habuerint, officio atque ecclesi-astico beneficio careant.

결혼하거나, 내연녀와 사는 자는 차부제 이상의 고위 성직자가 될 수 없다는 전통적인 규정이 메아리친다. 그 때문에 제2차 라테란 공의회에서 성직자의 독신제가 공식적으로 결정되었다고 하기에는 무리가 있다. 아마도 이런 주장이 나오는 것은 바로 다음으로 나오는 7번째 카논 때문인 것 같다.

"우리는 명령한다: 누구도 아내나 내연녀를 가지고 있다는 것을 알고 있으면서도 그런 자가 집전하는 미사에 참석해서는 안 된다. … 우리는 명령한다: 거룩한 결심을 깨고 여인과 결합하는 주교와 사제와 부제와 차부제와 참사회원들과 수도승들과 서원을 한 평수사들은 그들과 분리되어야 한다. 이런 종류의 결합은 교회 규정에 반하여 맺어진 것이 확실하기에 결혼이 아니라고 우리는 간주한다."Mansi 21,527-28

praecipimus ut nullus Missas eorum audiat quos exores vel concubinas habere cogno-verit. … statuimus quatenus episcopi, presby-

teri, diaconi, subdiaconi, regulares canonici,
& monachi atque conversi professi, qui sanc-
tum transgredientes propositum, exores sibi
copulare praesumeserint, separentur. Hujus-
modi namque copulationem, quam contra
ecclesiasticam regulam constat esse contrac-
tam, matrimonium non esse censemus.

앞서 언급한 강그라 지역 종교회의와는 결이 다른 규
정으로 평신도들의 지지를 끌어내 성직자 독신제를 어떻
게든 관철하려는 절박감을 읽을 수 있다.

이러한 공의회의 의도는 성직자의 아들들에 관한 문제
로 이어진다. 이와 관련해 공의회는 카논 21에서 1089년
에 멜피에서 열린 지역 종교회의의 결정을 토씨 하나 빼
지 않고 그대로 인용한다.

"성직자의 아들들이 거룩한 제단을 섬기는 직무
에서 배제되어야 한다고 우리는 명령한다. 만일
그들이 수도원이나, 참사회에서 경건하게 사는

것이 증명되지 않았다면 말이다."^{Mansi21,531}

Presbyterorum filios a sacri altaris minis-te-
riis removendos decernimus nisi aut in co-
enobiis aut in canonicis religiose fuerint
conversati.

　이 규정은 이미 보았듯이, 1078년에 푸아티에서 열린
지역 종교회의에서 결정된 것과 거의 똑같다. 그러나 멜
피의 규정은 성직자의 독신제와 관련해 더 무게감이 있
는 결정으로 거듭 인용된다. 그러한 중요한 결정을 내린
멜피 지역 종교회의를 여기에서 언급하는 것은 제2차 라
테란 공의회와 곧 다루게 될 그라티아누스의 '교회 법령
집'을 비교하기 위해서이다. 전자는 '배제한다'^{removere}는 말
에 방점을 찍는다. 그러나 곧 보게 되겠지만, 후자는 뒤에
나오는 조건절^{nisi}에 무게중심을 둔다. 왜 이런 차이가 있
는지는 다음 장에서 다룰 것이다.

　이제 공의회가 교회 세습에 대해 어떤 입장을 취하고
있는지 살펴보고 이 장을 끝내고자 한다. 제2차 라테란
공의회는 다른 공의회나, 지역 종교회의보다는 좀 더 세

부적으로 이 문제를 거론한다. 카논 16에 나오는 기본 입장은 다음과 같다.

> "우리는 사도적인 권위에 근거하여 다음과 같이 명령한다: 교회나, 성직록이나, 사제나, 보좌 신부나, 다른 어떤 교회의 직책도 상속법에 따라 감히 법적인 권리가 있는 양 당연하게 요구해서는 안 된다. 누군가 뻔뻔스럽게 또는 야심에 차서 감히 시도한다면, 적절한 벌을 받고, 그의 요구는 기각될 것이다."[Mansi21,530]
>
> Propterea auctoritate prohibemus apostolica ne quis ecclesias praebendas praeposituras capellanias aut aliqua ecclesiastica officia hereditario iure valeat vindicare aut expostulare praesumat. Quod si quis improbus aut ambitionis reus attentare praesumpserit debita pena mulctabitur et postulatis carebit.

제2차 라테란 공의회는 교회 세습은 어떠한 상황에서

도 법적 권리가 없음을 분명히 선포한다. 그럼에도 당연
한 권리인 양 집요하게 요구하는 자들을 향해 아예 그
가능성을 차단한다. 그리고 혈연에 근거한 교회 세습을
반대하는 근거를 다음과 같이 분명히 밝힌다.

> "의심할 바 없이, 교회의 성직자 직분은 혈연이
> 아니라, 영적인 근거에 따라 주어지는 것이다.
> 즉, 하나님의 교회는 상속법에 따라 육신에 근
> 거한 후계자를 기다리지 않고, 하나님의 인도
> 하심과 그분 대리자들의 방침 및 지혜로운 고
> 위 성직자들과 경건한 성직자들을 의지하여 후
> 임자를 청하는 것이다."Mansi21,530
>
> Indubitatum est, quoniam honores ecclesi-
> astici, sanguinis non sunt sed meriti: & ec-
> clesia Dei non hereditatio jure aliquem, ne-
> que secundum carnem, successorem ex-
> pectat, sed ad sua regimina, & officiorum
> suorum dispensationes, honestas sapientes,
> & religiosas personas exposcit.

제2차 라테란 공의회는 단순히 부자세습이 아니라, 혈연에 근거한 세습 일체를 금지한다. 아들이지만 조카로 둔갑한 성직자 아들들의 현실을 반영한 것 같다. 이로써 아들, 조카, 사위 등으로의 세습 자체를 막는 강도 높은 규정이 만들어진다.

6. 천 년 동안이나 끈질기게!

로마-가톨릭교회에서 성직자의 독신제는 하루아침에 결정된 것이 아니다. 1,000년이나 넘는 긴 시간을 거치며 교회는 독신제를 주장하지 않을 수 없는 상황에 이르게 되었다. 아주 초기엔 사제의 거룩함이 주된 동인이었다면, 기독교가 종교로 인정받은 시기부터는 사제의 아들들이 잠정적으로, 또는 실제로 교회와 사회에 끼친 부정적인 영향 또한 무시할 수 없는 비중을 차지하게 된다. 특히, '자기 교회'의 등장 이후 교회의 세습과 이로 인한 교회의 사유화는 성직매매와 함께 공교회를 피폐하게 만드는 결정적인 요인으로 간주하였다. 지역 종교회의나, 공의회가 사제들의

독신과 사제의 아들들에 관한 규정을 불필요하다 싶을 정
도로 되풀이하여 내놓은 것은 어떻게든 교회 세습을 막으
려는 절박한 심정에서 나온 것이다.

　물론 아무리 공의회의 결정이라 할지라도, 아무리 교황
의 명령이라 할지라도, 그것이 교회와 사제의 밑바닥 현
실에 이르기까지 철퇴와 같은 권위를 가지고 영향을 미치
지는 못했다. 그러나 중세의 교회가 사제의 결혼 금지와
세습 금지를 지치지 않고 외친 것은 중세를 극복했다고
여기는 개신교가, 특히 작금의 한국교회가 겸손히 들어야
할 필요가 있다. 적어도 노회와 총회는 원론적인 입장에
서 세습 금지를 반복하여 규정하고 선포하는 역할을 해
야 한다. 이런 일을 해야 하는 노회와 총회가 세습에 눈
을 감아주고, 심지어는 정당성을 부여한다면, 이런 노회
와 총회 자체는, 지금까지의 교회법에 따라 판단한다면,
총대를 짊어지고 세습을 관철한 자들과 함께 파면을 당
해야 할 것이다.

III. 그라티아누스의 '교회 법령집'에 나타난 교회세습

1. 그라티아누스와 그의 법령집에 대한 개론적 고찰

그라티아누스는 중세 교회법의 아버지로 간주할 정도로 교회법과 관련해서는 매우 중요한 위치에 있는 사람이다. 그런데도 그의 개인적인 삶에 대해 알려진 것은 많지 않다. 확실한 것으로 간주하는 것은 그가 볼로냐 대학에서 교회법을 가르쳤으며, 1160년 전에 죽었다는 것이다.[TRE14,124] 누넌[John T. Noonan]의 꼼꼼한 연구에 의해 그 외의 것은 일종의 만들어진 전설로 간주한다. 그라티아누스가 수도승이었다는 것도, 생의 말년에 주교가 되었다는 것도 말이다. 물론 그 가능성을 열어두는 이들도 있다.

그런데 수도승에서 주교가 되기에는 무언가 빠진 공백이 있다. 바로 사제라는 직분이다. 교황 그레고리우스[Gregorius] 1세에게서 보는 바와 같이, 수도승 신분에서 곧바로 교황이 된 자가 있었다. 또한 동방정교회에서는 주교부터는 독신이 의무적이기에, 수도승에서 주교로 가는 것이 일상적이었다. 그러나 중세의 로마-가톨릭 전통에서는 수도승이 사제를 거치지 않고 곧바로 주교가 되는 것은 흔한 것은 아니었다. 그래서 그라티아누스가 누구인가를 둘러싸고 여전히 갑론을박이 계속되는 것이다.

그런데 성직자의 아들들에 관한 그의 입장을 세심히 들여다보면, 그가 어떤 자였을까를 추적할 수 있는 한 가지 단초를 발견하게 된다. 그것은 1139년까지 지역 종교회의와 공의회들에서 나온 목소리와는 너무도 다른 목소리가 나오는 것과 관련이 있다. 그 때문에 이에 대한 조명이 끝나면 그에 대한 새로운 주장이 가능할 것 같다.

그라티아누스의 교회 법령집은 12세기 전반기까지 나온 교황의 교서나, 공의회의 결정이나, 교부들의 글에서 주제별로 발췌하고 편집하여 묶은 것이다. 원래는 '일치하지 않는 카논들의 조화'Concordia discordantium canonum라는 제목을 가지고 있었는데, 후에 그라티아누스의 교회 법령집Decretum Gratiani으로 불리게 되었다. 원래의 제목이 암시하듯, 그라티아누스는 서로 대립하는 결정이나 주장을 자신의 관점에서 주석을 달아 한목소리를 내도록 하려 하였다. 그 때문에 바로 이 주석에 그의 삶의 자리와 사고가 묻어나온다. 이것이 그가 어떤 자였는지를 역추적하는데 실마리를 제공한다.

이 교회 법령집은 크게 세 부분으로 이루어져 있다. 첫 부분은 101개의 '구별들'[Distinctiones]로 구성되어 교회법의 원자료들, 교회의 성직 제도, 그리고 성직자들의 규율에 대해 다룬다. 두 번째 부분은 36개의 '판결 사례들'[Causae]을 소개한다. 사례마다 여러 '질문들'[Quaestiones]을 두어 세부적인 것까지도 다룬다. 마지막으로는, 다섯 개의 '구별'을 통해 미사에서 집전되는 성만찬에 대해 언급한다. 이 중 본 발제가 집중적으로 분석하는 부분은 첫 번째 '구별들' 중 56번째 구별이다.

2. 성직자의 아들들이 성직에 임명되어도 되는가?

이미 보았듯이, 이 문제는 중세를 관통하는 기본적인 질문이다. 막연하게 생각하는 것과는 달리, 중세 시대에 성직자들의 결혼은 일반적인 현실이었다. 더구나 팔 수도 있고, 살 수도 있고, 물려줄 수도 있는 '자기 교회'의 등장과 함께 교회는 성직매매를 둘러싸고 끊임없는 잡음을 일으켰다. 이런 틈새를 타고 교회 세습이 기승을 부렸다. 공교회의 사유화를 막기 위해 성직자들의 결혼 금지령이 되풀이하여 결정되고, 성직자의 아들들은 성직자로 서품을 주어서도 안 되고, 받아도 안 된다는 규정이 거듭 공표된다.

그라티아누스는 바로 이러한 상황을 직시하고 56번째 '구별'의 첫 번째 주제를 이 문제에 할애한다. 먼저 그는 교황 우르바누스 2세가 소집하여 1089년에 멜피에서 열린 지역 종교회의의 14번째 카논을 인용한다.

> "성직자의 아들들 또한 성직에 임명되어서는 안 된다. 그래서 교황 우르바누스 2세가 말한다. 우리는 성직자의 아들들을 성직 사역에서 배제한다. 만일 그들이 수도원이나 참사회에서 경건하게 사는 것이 증명되지 않았다면 말이다."
>
> Decretum1.56.1
>
> Presbiterorum etiam filii ad sacra offitia non sunt admittendi. Unde Urbanus Papa II. ait. Presbiterorum filios a sacris ministeriis removemus, nisi aut in cenobiis, aut in canonicis religiose probati fuerint conversari.

이미 보았듯이, 멜피 지역 종교회의 이후 제2차 라테란 공의회에 이르기까지 이 카논은 거듭 인용되는 규정이다. 그 때문에 그렇게 새로운 것이 없다. 그런데 이 규정에 대한 그라티아누스의 주석에서는 지금까지의 목소리와는 결을 달리하는, 정말 너무도 당황스러운 목소리가 나온다. 그의 말을 직접 들어보자.

> "그러나 아버지의 호색을 따르는 자들과 관련해서 알아야 하는 것이 있다. 그것은 만약 도덕적인 고결함이 그들을 훌륭하게 만들었다면, 그들은 실례들과 권위를 가지고 성직자(로 서품을 받는 것) 뿐만 아니라, 심지어 가장 높은 성직자까지도 될 수 있다는 것이다."[Decretum1.56.1]
>
> Sed hoc intelligendum est de illis, qui paternae incontinentiae imitatores fuerint. Verum si morum honestas eos commendabiles fecerit, exemplis et auctoritate non solum sacerdotes, sed etiam summi sacerdotes fieri possunt.

지금까지의 교회법을 잘 알고 있을 뿐만 아니라, 교회법을 집대성할 수 있는 위치에 있던 자가 한 말이라고는 도무지 믿기지 않는 말이다. 성직자들의 아들이 수도원이나 참사회에서의 금욕적인 삶을 통해 모든 욕정의 고리를 끊고 경건한 삶을 산다는 것이 확증될 때 한 해, 서품이 허락되었다. 그러나 고위 성직자로는 올라갈 수도 없다는 것이 한결같은 교회의 소리였다. 그라티아누스 정도의 위치에 있는 자들이 모를 수 없을 정도로 이러한 규정이 11세기 이후 더욱 강도 높게 되풀이되어 선포됐다. 그런데 어떻게 "가장 높은 성직자", 곧 교황의 자리에까지 이를 수 있다고 말하는 것일까? 지금까지의 교회법을 정면으로 뒤집는 이런 주장을 그는 어떻게 할 수 있었을까?

교회법 학자라는 것을 고려하면 그라티아누스는 그래도 교황의 역사나, 교황들에 대해 기록한 것들을 읽었을 가능성이 크다. 그래서일까? 그는 성직자의 아들이었으나, 교황에 오른 자들의 이름을 '교황 명부'^{Liber Pontificalis}에서 인용한다. 그는 이것을 366-384까지 재직한 교황 다마수스^{Damasus}가 엮은 것으로 간주한다. 그러나 이것은 다마수스의 작품이 아니다. 이 '교황 명부' 앞에는 작성자로 언급하는 히에로니무스가 교황 다마수스에게 보내는 편지 Beatissimo papae Damaso Hieronimus와 이것에 대한 다마수스의 답장Damasus episcopus urbus Romae Hieronimo이 나온다.LiberPontificalis1,1 바로 이런 이유로 그라티아누스는 이 '교황 명부'를 다마수스가 기록한 것으로 간주하는 것 같다. 이것은 그의 역사적인 철저함에 어느 정도 한계가 있음을 보여준다. 이제 그가 인용하는 부분을 들여다보자.

> "[교황 오시우스는 차부제였던 스테파누스의 아들이었다. 교황 보니파치우스는 사제 유쿤두스의 아들이었다. 교황 펠릭스는 파스치올라라는 직위를 가진 사제 펠릭스의 아들이었다. 교황 아가피투스는 사제 조르디아누스의 아들이었다. 교황 테오도루스는 예루살렘의 주교 테오도로스의 아들이었다. 교황 질베리우스는 로마 감독 질베리우스의 아들이었다. 교황 데우스데디트는 차부제 스테파누스의 아들이었다.] 왜냐하면enim 로마 출신의 교황 펠릭스 3세는 사제이던 아버지 펠릭스에게서 나왔기 때문이

다. 마찬가지로 아프리카 출신의 젤라시우스는
주교이던 아버지 발레리우스에게서 태어났다.
또한 로마 출신의 아가피우스는 주교인 아버지
조르디아누스에게서 나왔다. 또한 사제에게서
태어나 교황 좌에 오른 많은 다른 사람들이 있
다."^{Decretum1.56.2}

Unde Damasus Papa scribit: Osius Papa fu-
it filius Stephani subdiaconi. Bonifacius Papa
fuit filius Iucundi presbiteri. Felix Papa filius
Felicis presbiteri de titulo Fasciolae. Agapi-
tus Papa filius Gordiani presbiteri. Theodo-
rus Papa filius Theodori episcopi de civita-
te Ierosolima. Silverius Papa filius Silverii epi-
scopi Romae. Deusdedit Papa filius Stephani
subdiaconi.

Felix enim tertius, natione Romanus, ex pa-
tre Felice presbitero fuit. Item Gelasius, na-
tione Afer, ex patre episcopo Valerio na-
tus est. Item Agapitus, natione Romanus, ex

patre Gordiano presbitero originem duxit.
Quamplures etiam alii inveniuntur, qui de
sacerdotibus nati apostolicae sedi prefue-
runt.

위 인용문의 첫 번째 단락을 괄호로 묶은 것은 그라티
아누스의 교회 법령집의 초기 사본들에는 그 내용이 나
오지 않기 때문이다. 두 번째 단락이 '왜냐하면 펠릭스 3
세는'Felix enim tertius으로 시작하는 것은 위 단락을 완전히
생략하고 곧바로 그라티아누스의 입장과 연결하는 것이
가능함을 보여준다. 더구나 앞 단락과 뒤 단락에 중복되
는 자들이 등장한다. 바로 이런 점 때문에 앞 단락을 완
전히 생략하고 읽는 것이 더 매끄럽다.

이 교황 목록은 정확하게 맞아떨어지지는 않는다. 맨
처음에 언급된 오시우스라는 이름의 교황은 존재하지 않
는다. 또한, 성직자의 아들이었으나 교황이 된 자들을 모
두 언급한 것도 아니다. 1140년까지 '부자 성직자' 목록을
묶으면 다음과 같다.

이 름	재 위	아 버 지
다마시우스 1세 (Damasius I)	366-384	사제 렌티우스
이노센티우스 1세 (Innocentius I)	401-417	교황 아나스타시우스 1 세, 399-401
보니파치우스 (Bonifatius)	418-422	사제
펠릭스 3세 (Felix III)	483-492	홀아비
아나스타시우스 2세 (Anastasius II)	496-498	사제
아가페트 1세 (Agepet I)	535-536	사제 조르다니우스
실베리우스 (Silverius)	536-537	교황 호르미스다스 (514-523)
데오데디트 (Deodedit)	615-618	차부제 스테파누스
테오도루스 1세 (Theodorus I)	642-649	주교
마리누스 1세 (Marinus I)	882-884	사제
보니파치우스 6세 (Bonifatius VI)	896	주교 하드리아누스
요하네스 11세 (Johannes XI)	931-935	교황 세르지우스 3세 (904-911)

요하네스 15세 (Johannes XV)	989-996	사제 레오

이노센티우스 1세가 아나스타시우스 1세의 아들이었다면, 교황의 역사에서 교황의 자리를 세습한 유일한 부자가 된다. 교황에게 아들이 있고, 그 아들이 교황까지 되는 일이 있었다니 그라티아누스의 주장이 뜬금없는 것은 아니다. 그러나 이러한 역사적인 실상에도 불구하고 교회는 성직자의 아들들에게 고위 성직자로 가는 길을 막으려 하였다. 이러한 큰 흐름에 그라티아누스는 맞장구를 치지 않는다. 분명 그는 캔터베리의 대주교 안셀무스의 노력으로 고위 성직자로 올라가는 것이 영국에서는 한시적으로 허락된 것을 알고 있었으리라. 그래서인지 성직자의 아들들에게 고위 성직자로 가는 길을 열어주려 한다. 그는 왜 이런 입장을 표명하는 것일까?

3. 부모의 죄는 부모의 죄일 뿐, 아들에게 전가되지 않는다

성직자의 아들들에게 서품은 물론 고위 성직자로 가는 길을 열기 위해서는 교회법에 맞서 성직자 아들에게는 무언가 결함이 있는 존재로 태어나는 것이 아님을 증명해야 한다. 그라티아누스는 매우 많은 부분을 할애하여 부모의 죄와 아들의 죄는 서로 관계가 없으며, 부모의 죄가 아들에게 전가되지 않음을 거듭 주장한다.

> "아버지의 죄 행위가 아들에게 전가되지 않는다. … 왜냐하면 인간의 씨는, 어떤 인간에게서 나오든, 하나님의 피조물이기 때문이다."
>
> Decretum1,56,3
>
> Vicia parentum filiis non inputentur. … Semen enim hominis ex qualicumque homine Dei creatura est.

> "누구나 부모의 죄과가 아니라, 자기 자신의 죄

과 때문에 비난을 받아야 한다."[Decretum1,56,5]

Non parentum, sed propria culpa quemque
condempnat.

"간음에서 태어나는 것은 태어난 자가 아니라,
낳은 자의 잘못이다."[Decretum1,56,5]

Nasci de adulterio non est eius culpa, qui
nascitur, sed illius, qui generat.

"부모의 불법이 아들들에게 해를 끼칠 수 없다."
[Decretum 1,56,6]

Iniquitates parentum filiis obesse non pos-
sunt.

"다른 사람의 죄가 아니라, 자기 자신의 죄가 자
신이 수행하는 직책에서 자신을 물러나게 한
다."[Decretum1,56,.7]

Non aliena culpa, sed propria aliquem ab
eo, quo fungitur, deicit gradu.

"어머니의 상황이 아니라, 자신의 죄가 그를 하
나님의 백성에서 분리한다."Decretum1.56.9
A populo Dei non separat aliquem materna
condicio, sed propria culpa.

   그라티아누스는 정말 집요하다 싶을 정도로 부모의 죄
와 아들의 죄를 분리한다. 왜 이렇게까지 하는 것일까?
그것은 자신이 말하고자 하는 것이 교황이나 공의회가
결정하고 명령한 것과는 정반대의 것이기에 그만큼 설득
력을 얻고자 함일 것이다. 이를 위해 그는 이스라엘의 성
군인 다윗과 인류의 메시아인 예수가 바로 이런 간통을
통해 태어났음을 부각한다.

"우리 주 예수 그리스도께서는 이방인과의 혼합
뿐만 아니라, 간통을 통해서도 태어나고자 하
셨다. … 그가 진실로 간통에서 태어나도 대사
제인 것처럼, 그렇게 어떤 자가 어떤 신분에서
태어나든, 완전한 믿음을 가지고 있는 것과 같
다. … 그리고 한 여인의 남편은 결코 사제직에

서 축출되지 않는다. 왜냐하면 족장 유다는 그
의 며느리 다말과 성관계를 맺었고, 이 결합에
서 베레스와 세라가 태어났기 때문이다. … 다
음으로는 다윗의 아버지였던 이새가 태어났기
때문이다. 이 혈통에서 참 사제인 그리스도의
기원이 나온다. 그러므로 우리가 그의 아들이
라면, 그가 행한 것을 우리는 따라 해야 한다."
Decretum1.56.8

Dominus noster Iesus Christus voluit, non
solum de alienigenis, sed etiam de adulteri-
nis conmixtionibus nasci, … Et sicut ille verus
est pontifex ex adulterinis natus coniunctio-
nibus, ita, qualicumque ordine natus sit ali-
quis, tantum ut fidem perfectam habeat, …
et vir unius uxoris, nequaquam a sacerdotio
repellitur. Iudas enim patriarcha concubu-
it cum Thamar nuru sua, et ex illo coitu na-
ti sunt Phares et Zaran, … inde postea Isai,
qui fuit pater Dauid. Ex progenie autem il-

la origo ducitur Christi, qui verus sacerdos
est; ideoque si filii eius sumus, que ipse fecit
imitari debemus.

족보상 틀린 말은 아니다. 오늘날의 관점에서 보면, 시
아버지와 며느리 사이의 불법적이며 비도덕적인 관계에
서 다윗과 예수가 태어났다. 그런데도 그라티아누스의 논
리는 이해할 수 없다. 우리가 예수의 아들이라면, 그가 한
것을 따라 해야 한다니! 어떻게 '마땅히 해야 한다'^{debere}
는 말로 표현할 수 있을까? 논리의 비약, 아니 논리의 오
류로 볼 수 있는 이런 그의 주장을 우리는 어떻게 이해
해야 할까? 왜 이렇게까지 그는 과도한 주장을 하는 것일
까? 그것은 단 한 문장, 이것을 말하기 위함이다.

"간통을 통해 태어난 자는 사제직에서 금지되지
않는다."^{Decretum1.56.8}
Ex adulterio natus a sacerdotio non prohi-
betur.

숨이 멎는 것 같다. 도대체 자신의 주장을 어떻게 정당
화하려고 그는 이러한 과감한 주장을 하는 것일까? 무엇
이 그에게 교회의 전통과 극단적으로 부딪히는 말을 내
뱉게 하였을까?

4. 그라티아누스, 구체적인 예로 말하다

일반적인 교회의 정서와 부딪히는 주장을 합리화하기
위해서는 이론을 끌어들이는 것만으로는 부족하다. 구체
적인 판례가 필요하다. 누구보다 법학자인 그라티아누스
는 이것을 잘 알고 있었다. 그는 자신의 입장에 든든한 기
반을 세우기 위해 구체적인 실례를 든다. 무엇보다 먼저,
1061-73년까지 개혁 교황의 한 사람으로서 성직매매와 전
쟁을 벌인 알렉산더[Alexander] 2세의 편지를 인용한다.

> "사도적 권위에 근거하여 우리는 너희에게 명하
> 노니, 다른 사람보다 더 합당하다고 여겨 교회
> 에서 주교로 선출하고, 너희가 그의 선출을 교

회법적으로 인정한 그 사람을 우리의 명령에
근거하여 주교로 서품을 주어라. 왜냐하면 그
가 사제의 아들이라고들 하지만, 다른 요구되는
도덕적 품위를 지키는 삶을 산다면, 우리는 그
를 거부하지 않고 그의 행실을 칭찬하면서 눈
을 감고 그를 받아들인다."[Decretum1.56.12]

Apostolica vobis auctoritate precipimus, ut
si eum, qui ecclesia electus est, digniorem
altero esse, canonicamque eius electionem
probaveritis, nostra fulti auctoritate conse-
cretis. Nam pro eo, quod filius sacerdotis
dicitur, si ceterae virtutes in eum conveni-
ant, non reicimus, sed suffragantibus meritis
connivendo eum recipimus.

지금 문제가 되는 자는 적어도 사제의 아들이라고 사
람들이 숙덕대는 자다. 그로 인해 주교가 되기에 적합하
지 않다는 이의가 제기되던 자다. 교회법을 그대로 따른
다면, 주교 서품이 가능한 경우가 아니다. 그런데 교회법

을 지켜야 하는 교황이 허락한다. 이것을 어떻게 이해할
수 있을까?

그라티아누스는 사제의 아들을 주교로 서품을 주는
것이 교회법에 어긋나는 것을 알고 있다. 그래서 교회법
을 어기는 교황 알렉산더 2세의 조치를 교회법을 뛰어넘
는 교황의 면제 권한[dispensatio]으로 해석한다.

> "사제의 아들에 관해 말해진 것은 교회의 면제
> 권한을 적용한 것으로 보인다. 그리고 면제 권
> 한을 통해 실행된 것은 규칙의 합리적인 결과
> 로 돌릴 수는 없을 것이다."[Decretum1.56.12]
>
> Hoc autem, quod de filiis sacerdotum dici-
> tur, ex dispensatione ecclesiae introductum
> videtur, et quod ex dispensatione introdu-
> citur, ad consequentiam regulae trahi non
> poterit.

그라티아누스는 교황의 '면제 권한'이 교회법과는 상충
할 수 있음을 인정한다. 그렇다고 그의 권한을 교회법에

종속되는 것으로 여기지 않는다. 그에게 있어서 교황이란 '교회법의 주재자요 창시자'이기 때문이다.[Decretum1.56.16]

그런데 문제는 특정한 개인이나, 사건에만 해당하는 이 '면제 권한'을 보편화시키려는 그의 의도다. 이것은 교황 우르바누스 2세를 인용하는 부분에서 적나라하게 드러난다. 이 교황은 그라티아누스가 본 '구별'에서 맨 처음으로 인용한 자다. 이미 위에서 인용하였지만, 라틴어 문장의 순서를 살려 번역하면 다음과 같다.

> "우리는 성직자의 아들들을 성직 사역에서 배제해야 한다. 그들이 (먼저) 수도원이나 참사회에서 경건하게 사는 것이 증명되지 않았다면[nisi] 말이다."

일반적인 법 해석은 앞부분에 방점을 찍는다. 그런데 그라티아누스는 이 규정의 뒷부분인 조건절에 무게중심을 둔다. 그래서 스페인이나, 프로방스나, 부르고뉴 지역에서는 간통을 통해 태어난 자들에게 성직자로의 서품을 허락한 예를 들며 우르바누스의 조건절을 다음과 같이 뒤집어 해석한다.

> "사제의 아들들이 경건한 자로 발견된다면, 그들
> 은 성직에 임명되어야 한다."^{Decretum1,56,16}
> Si religiosi inventi fuerint filii sacerdotum, or-
> dinentur.

그라티아누스의 해석이 틀린 것만은 아니다. 뒤집어
읽기는 얼마든지 가능하다. 그러나 이러한 읽기도 원래
말하는 바를 비틀면 안 된다. 즉, '사제의 아들들이 경건
한 자로 발견된다면, 그들도 성직에 임명될 수 있다' 정
도로 '수동의 가능'^{gerundivum}이 더 타당하다. 반면에, 그
라티아누스처럼 "임명되어야 한다"는 '명령형적 가정
법'^{jussivum subjunctivum}을 쓰는 것은 지나친 비약이다. 왜 이
렇게 그라티아누스는 논리적인 비약을 감수하면서까지
성직자의 아들들도 성직자로 서품을 받아야 한다고 강조
하는 것일까?

56번째 '구별'을 읽는 사람들이 쉽게 읽어낼 수 있는
특징 중의 하나는, 그라티아누스가 유독 교황 우르바누

스 2세를 많이 언급한다는 것이다. 그 이유를 속 시원하
게 읽어낼 수는 없다. 그러나 분명한 사실은, 계속되는 교
황의 '면제 권한'과 관련해서도 두 번이나 그를 인용한
다는 것이다. 하나는, 투르^{Tours}의 대주교 바르톨로메우스
^{Bartholomeus}에게 보내는 서신에 나온다.

> "르망에서 주교로 선출된 자가 사제의 아들이라
> 고 해서 우리는 그를 거부하지 않는다. 만약 그
> 가 다른 요구되는 도덕적 품위를 지키는 삶을
> 산다면 말이다. 오히려 우리는 그의 행실을 칭
> 찬하면서 확고하게 그를 인정한다. 그러나 이것
> 은 앞으로 규칙으로 받아들여져서는 안 되고,
> 한시적으로 교회의 위험을 돕기 위한 것이어야
> 한다."^{Decretum1.56.13}
>
> Cenomanensem electum, pro eo, quod fi-
> lius sacerdotis dicitur, si ceterae virtutes in
> eum conveniant, non reicimus, sed suffragan-
> tibus meritis patienter suscipimus: non ta-
> men, ut pro regula in posterum assumatur,

sed ad tempus ecclesiae periculo consulitur.

교황의 이 말은 그라티아누스가 원하는 바대로 충분히 해석될 수 있다. 그가 시도한 뒤집어 읽기도 정당화시켜 줄 수 있는 말이다. 그런데도 우르바누스 2세는 단서를 분명히 단다. 자신이 허락하는 '면제'의 특권은 르망에서 주교로 선출된 자에 한정되는 것으로 모든 사제의 아들들에 관한 보편적인 규정이 아니라고 말이다. 그러나 그라티아누스는 교황의 이런 유보에는 관심이 없다. 편집을 통해 잘라내지 않고 그것을 인용하면서도 오직 앞부분에만 주의를 환기한다. 왜냐하면, 곧바로 나오는 교황의 말에 대한 자신의 주석을 다음과 같이 달기 때문이다.

"그러므로 성직자들에게서 태어난 자들이 교황에까지 이르렀다고 위에서 언급했기 때문에, 그들은 간통이 아니라 합법적인 부부에게서 태어난 자들로 간주해야 한다. 이것은 결혼이 금지되기 전에는 성직자들에게 모든 곳에서 허락되었고, 동방교회에서는 오늘날까지 허락된 것으

로 인정된다."^{Decretum1.56.13}

Cum ergo ex sacerdotibus nati in summos
Pontifices supra leguntur esse promoti, non
sunt intelligendi de fornicatione, sed de le-
gitimis coniugiis nati, que sacerdotibus an-
te prohibitionem ubique licita erant, et in
orientali ecclesia usque hodie eis licere pro-
batur.

점입가경이다. 지금 그라티아누스가 말하고자 하는 것
은 성직자의 정부인에게서 태어나는 아들들에 대한 것
이 아니다. 교회법은 성직자가 되기 전에 결혼한 자도 서
품을 받은 후에는 자신의 부인과 관계를 맺지 말 것을 명
령한다. 사제가 되어서 결혼할 경우는 파면을 명한다. 그
런데 그라티아누스는 정부인이 아닌 다른 여자와의 관계
속에서, 즉 간통을 통해 태어난 아들도 합법적으로 태어
난 자로 간주해야 한다고 주장한다. 인권의 관점에서 본
다면, 갈채를 받을 만한 주장이다. 그러나 그 어디에도 인
권의 향기를 풍기는 내용은 없다. 이것은 앞서 본 것처럼,

'합법적이지 않은 관계'에서 태어난 자들을 '사생아'라 부르며 성직으로의 길을 차단하였던 1031년의 부르주 지역 종교회의와는 정반대의 처지다. 왜 그라티아누스는 이전의 규정을 무시하면서까지 지나친 주장을 하는 것일까? 왜 이렇게까지 논리의 비약을 극단으로 끌고 가는 것일까? 혹시 그의 개인사가 관여되어 있기 때문이 아닐까?

그런데 그의 이런 주장을 뒷받침할 수 있는 교황사가 있다. 위에서 도표로 소개한 성직자의 아들로서 교황이 된 자들을 보면, 세 사람이 교황의 아들이었다. 그 중, 교황 질베리우스는 "아버지인 로마 감독 호르미스다스에게서" 태어났다고 나온다.[LiberPontificalis1,144] 호르미다스는 서품을 받기 전에 결혼을 한 자였다.

931년에 교황이 된 요하네스 11세와 관련해 '교황 명부'는 "아버지인 교황 세르지우스에게서" 태어났다고 기록한다.[LiberPontificalis2,243] 904-911년까지 교황으로 있었던 세르지우스 3세는, 자료의 신빙성에 대한 논란이 있지만, 교황의 자리에 있을 때 젊은 미혼녀이던 마로치아[Marozia]와의 관계에서 아들을 낳았다고 한다. 이 아들이 바로 요하네스 11세라는 것이다. 이것이 맞는다면, 요하네스 11세는 간통의 관계에서 태어난 자로서 교황이 된 것이다. 실제로 그는 '불법적으로'^{illegitim} 태어난 자로 간주하고 있다.^{Denzler2,186}

그라티아누스는 계속해서 합법적인 아내와의 관계 속에서 태어난 자가 아니라, 간통에서 태어난 자로서 주교가 된 자에 대한 교황의 대응을 전해준다. 이번에도 '면제 권한'을 사용하는 자는 교황 우르바누스 2세다. 스페인에 있는 레온^{Leon}의 주교인 파트로니우스^{Patronius}에게 보내는 서신에서 그는 다음과 같은 교지를 내린다.

> "네가 사도좌로 겸손히 나아와서 너의 주교 직무를 행하는 데 방해가 되는 것으로 보이는 네 죄에 대해 솔직하게 고백했다. 곧, 네가 합법적이지 않은 어머니에게서 태어났으며, 그것도 네 아버지가 자신의 아내가 살아 있을 때 다른 여인과 관계를 맺어 태어났다고 말이다. 그래서 우리는 사도적 온유의 은총에 근거하여 다음과 같이 권한다. 우리가 너의 고백과 너와 함께 있는 동료들의 증언에 근거하여 너의 사제직을

가로막는 모든 고소 내용으로부터 자유롭다
는 것을 알고, 너의 삶이 경건하다는 것을 들었
기에 이 죄의 속박으로부터 네가 사면되었으며
네가 임명된 사제직에 머물러도 된다는 것을
확언한다."[Decretum1.56.14]

Quia simpliciter ad sedem apostolicam ve-
niens humiliter peccatum confessus es,
quod pontificii tui videbatur offitium inpe-
dire, videlicet quod ex matre non legitima
procreatus sis, quam vivente propria uxo-
re pater tuus cognovisse cognoscitur, nos
apostolicae mansuetudinis gratia admonen-
te a ceteris que sacerdotium inpediunt cri-
minibus tam tui professione quam fratrum
testimonio, qui tecum sunt, inmunem te ag-
noscentes, et vitam tuam religiosam au-
dientes, ab huius te peccati vinculo absolu-
tum in suscepto sacerdotali offitio confirma-
mus.

그라티아누스는 법학자다. 그렇다면 보편적으로 적용할 수 있는 법과 예외적인 특수상황에만 적용되는 법을 구별할 수 있는 위치에 있었을 것이다. 예외적인 상황을 보편화하려는 시도에 대해 논리적인 문제점을 지적해야 하는 위치 말이다. 그런데 어떻게 불법적인 관계에서 태어난 자를 향한 교황의 특별한 '면제 권한'을 모든 자에게 적용하려 하는 것일까? 그것도 이전이나 당대의 법 정신과 부딪히면서 말이다. 도대체 그라티아누스는 어떤 존재이기에 이런 법 해석을 하는 것일까?

5. 출생의 비밀과 교회법 비틀기

그라티아누스는 자신의 교회 법령집을 '일치하지 않는 카논들의 조화'라고 명명하였다. 그런데 교회법에 문외한인 나에게도 사제의 아들들에 관한 내용에서는 조화가 아니라 한쪽 방향으로 치우친 것으로 보인다. 교회에서 불법으로 낙인을 찍은 성직자의 아들들의 편에 서서 그들의 인권을 대변하는 자처럼 보인다. 그런데 이런 한쪽

편들기가 그의 출생의 비밀과 관련이 있는 것은 아닐까?
지금까지의 그라티아누스 연구가들이나 그의 교회법 연
구가 중에 이런 의문을 제기하며, 이런 관점에서 그의 생
애를 조명한 자는 한 사람도 없는 것 같다. 이것은 성직자
의 아들들에 관한 그의 주석을 꼼꼼하게 살펴보며 문제
점을 발견하지 못했기 때문일 것이다.

일반적인 교회법에 따르면, 성직자의 아들들은 사제
가 되는 것이 막혀 있었다. 그러나 실상은 달랐다. 성직자
의 아들이 사제가 되는 경우가 다반사였다. 이러한 현실
에 상응하기 위해 교회는 성직자의 아들들이 순결의 서
약을 하고 수도승이나 참사회원으로 오랫동안 살며, 거룩
하게 산다고 판단되는 자만 성직자가 되는 것을 허락하
였다. 이 허락은 그러나 유보적인 허락이었다. 차부제 이
상의 고위 성직자가 될 수 있는 길을 법적으로 차단하고,
하위 성직자만 될 수 있게 하였기 때문이다. 고위 성직자
로 가는 길을 막은 이유 중의 하나는 공교회를 사교회로
만드는 교회 세습을 막기 위한 것이었다. 그러나 이 규정
도 잘 지켜지지 않았다. 주교는 물론 교황까지 되는 이들
이 있을 정도였으니 말이다.

　이러한 특수한 경우에도 불구하고 교회는 되풀이하여 성직자의 아들들이 성직자로 서품을 받는 문을 좁게 하려 하였다. 고위 성직자로 올라가는 것은 더더욱 힘들게 하려 하였다. 이러한 움직임의 정점에 1139년에 열린 제2차 라테란 공의회가 있다. 사제의 결혼 자체를 원천적으로 차단하고, 서품을 받은 자가 결혼을 하거나 불법적인 부부관계를 이룰 경우 파면을 받아야 했다.

　바로 이러한 교회의 전반적인 분위기에 그라티아누스는 정면으로 맞선다. 주류정신에 반대되는 입장을 표명할 때 그가 붙잡은 것은 놀랍게도 주문장이 아니라 부문장이다. 그것도 '수도원이나 참사회에서 경건한 삶을 살지 않았다면'이라는 부정의 조건절을 긍정의 조건절로 바꾸고, '줄 수도 있다'는 가능이 아니라 '주어야 한다'는 당위로 논리 비약을 하면서 말이다. 바로 이 지점에서 우리는 그라티아누스의 현주소를 눈치챌 수 있다. 그가 바로 성직자의 아들로서 수도원이나 참사회에서 오랜 기간 머물지 않았을까 하는 것 말이다. 당시 교회법에 의하면, 수도원에 머물던 자들은 수도원장의 허락 아래 성직자로 서품을 받을 수 있었다.

그런데 그라티아누스는 말년에 주교가 되었다고도 한
다. 이것이 사실이 되려면 그는 그 이전에 사제가 됐어야
한다. 이것이 언제였는지는 모른다. 그러나 그런 개연성은
다분히 있다. 사제의 아들로서 고위 성직자로 가는 길을
차단하였지만, 이런 교회법에 대해 그라티아누스는 교황
의 '면제 권한'에 근거해 사제는 물론 주교로 올라갈 수
있음을 거듭 강조하기 때문이다. 심지어는 간통으로 낳은
아들조차 말이다.

이러한 사실로 미루어볼 때, 그라티아누스는 아버지가
사제였으며, 불법적인 관계에서 태어난 자일 수 있다. 이러
한 자신의 출생 비밀을 교회법적으로 합리화하기 위해 조
건절인 유보 조항을 비틀었는지도 모른다. 그리고 특별한
경우에만 허락해주는 교황의 면제권을 모든 성직자의 아
들들에게 보편적으로 적용하려 몸부림쳤는지도 모른다.

또한 11-12세기의 각종 종교회의는 교회 세습을 해서는
안 된다는 단호한 결정을 되풀이하여 내린다. 그런데도
그는 이 문제에 대해 완전히 입을 다문다. 어쩌면 이것도
교회법을 자신의 이익의 관점에서만 바라보는 것은 아닌
지 의문을 품게 만든다. 교회법의 아버지로 간주하는 자

도 이런 당파적인 편집을 하다니 정말 놀라울 따름이다.

그런데도 그라티아누스의 교회 법령집은 이후의 교회법 역사에 주춧돌을 놓은 것으로 간주한다. 그렇다면 성직자의 아들에 관한 규정 역시 그라티아누스의 입장이 상당 부분 반영되었을 가능성이 크다. 중세의 교회법이 이런 선상에서 계속 발전하였다면, 그라티아누스의 법 비틀기는 정통으로 자리매김하고, 성직자의 아들들은 숨겨지지 않고 드러내놓고 교회의 고위 관직에 오르는 일들이 일상이 되었을 것이다. 과연 그라티아누스 이후 중세의 교회법은 이런 길을 걸었을까?

IV. 그레고리우스 9세의
'교회 법령집'에 나타난 교회세습

1. 그레고리우스 9세와 그의 '별권'$^{Liber\ Extra}$

그레고리우스 9세는 1227-1241년까지 교황으로 재위한 자로 1198-1216년까지 교황으로 있었던 이노센티우스^{Innocentius} 3세의 조카다. 로마의 유명한 귀족 집안인 콘티^{Conti}가 출신으로 1198년에 로마 교황청의 전속사제가 되고, 1206년에는 추기경난의 수석 사제인 오스티아^{Ostia}의 추기경 주교가 된다. 귀족의 자제로 엘리트 과정을 거쳐 교황이 되었음을 볼 수 있다. 이것은 사제의 아들들과 관련해 그라티아누스와는 무언가 다른 목소리가 나오지 않을까 하는 기대를 하게 해준다.

그레고리우스 9세는 1230년에 카탈루냐 출신으로 볼로냐에서 법학을 공부한 라이문두스 데 페냐포르트$^{Raymundus\ de\ Pennafort}$에게 그라티아누스 교회 법령집 안에 들어 있지 않은 법령들을 모아 새로운 표준 교회법을 편찬하라고 주문한다. 이렇게 하여 1234년에 '새로운 교황 교령 집록'$^{Nova\ Compilatio\ Decretalium}$이 완성된다. 이 법령집은 그해 9월 5일에 반포된 교서 '평화의 왕'$^{Rex\ pacificus}$을 통해 교회의 공식적인 법령집으로 자리매김한다. 그리고 1917년

까지 로마-가톨릭에서 공식적인 교회법으로 사용한 '교회
법대전'에서 그라티아누스 '교회 법령집'에 이어 두 번째
자리에 위치하게 된다.

이 법령집은 일반적으로 '별권'$^{\text{Liber Extra}}$라는 이름으로
불린다. 그것은 그라티아누스의 법령집 이후의 교회법 역
사와 관련이 있다. 1191년 경부터 시작하여 1226년까지
총 다섯 개의 집록$^{\text{Quinque Compilationes}}$이 만들어진다. 이중 첫
번째 집록은 그라티아누스 '교회 법령집'이 사용하지 않
은 법령들을 새롭게 수집하여 편집하고, 교황 클레멘티우
스 3세(1187-91) 시대에 발령한 교령 및 교회법을 첨가한
다. 두 번째 집록은 첫 번째 집록이 빠트린 교황 알렉산
더 3세(1159-81)와 1187년까지의 다른 교황들의 교령 및
교회법을 포함한다. 세 번째 집록은 교황 이노센티우스 3
세의 통치 기간 중 1198-1209년까지의 교령 및 교회법을
다룬다. 네 번째 집록은 이노센티우스 3세의 나머지 통치
기간인 1210-16년까지의 법들과 세 번째 집록이 빠트린
이노센티우스 3세의 교령들을 첨가한다. 다섯 번째 집록
은 교황 호노리우스 3세의 통치 기간 중 1216-26년까지
의 교령과 교회법을 담고 있다. 이러한 교회법 수집 및 편

집의 역사에서 볼 수 있듯이, 그라티아누스 '교회 법령집' 이후 교회법 수집 및 편찬에 대한 관심이 매우 높았음을 알 수 있다.

그러나 이러한 관심과 열심에도 불구하고 부족한 부분들이 계속 나타났다. 반영하지 못하고 빠진 법들이 계속 나타났고, 오류에서 자유롭지 않았고, 서로 반대되는 내용 또한 병존하였다. 그라티아누스 '교회 법령집' 이후 편찬된 다섯 권의 집록 및 그외 다수의 교회법 모음집들이 보여주는 이런 혼돈을 해결하기 위해 그레고리우스 9세는 보다 권위 있는 교회 법령집을 만들고자 하였다. 이렇게 하여 '새로운 교황 교령 집록'이 완성되었다. 그런데 이 집록은 그라티아누스 '교회 법령집' 이외의 모든 집록을 대체하고 대표한다는 의미로 '(그라티아누스) 교회 법령집 외에 표준적으로 사용되는 교회 법령집'Liber decretalium extra decretum vagantium 으로 불렸다. 이 말을 줄여 '별권'Liber Extra 이라는 말이 자리를 잡게 되었다.

'별권'은 총 다섯 권으로 이루어져 있다. 그리고 각 권은 주제Titulus에 따라 묶어져 있다. 각 주제는 장Capitulum으로 나뉘어 각종 판례를 소개한다. 우리의 주제인 사제의 아들들에 관한 규정은 제1권의 제17번째 항에서 "성직자의 아들들은 서품을 받을 수 있는지 아닌지에 대해"^{De filiis presbyterorum ordinandis vel non}라는 주제로 나온다. 이 17번째 항은 18개의 장으로 이루어져 있다.

2. '불법으로 태어난' 성직자의 아들

'별권'은 첫 번째 장부터 그라티아누스와는 완전히 다른 결의 목소리를 낸다.

> "불법으로 태어난 자^{illegitimus}는 수도승이 되지 않고는 서품을 받지 못한다. 동시에 승진도 안 된다. 즉, 고위 성직자에 오르지 못한다."^{Extra1.17.1}
> Illegitimus non ordinatur, nisi ut religiosus fiat, nec tunc praeficitur, id est ad praelauram non habilitatur.

사제의 아들을 '불법으로 태어난 자'라고 공식적으로

표현한다. 그라티아누스의 '교회 법령집'에서는 그 어디에
도 나오지 않는 강한 표현이다. 이것 자체만으로도 그레
고리우스 9세의 '별권'은 사제의 아들들에 대해 부정적인
견해를 개진하리라는 것을 어렵지 않게 포착할 수 있다.

그렇다면 성직자의 아들과 관련된 교회법에서 '불법으
로 태어난 자'란 어떤 자를 지칭하는 말일까? 앞에서 보
았듯이, 시품을 받기 전에 결혼한 자들도 있다. 이것은 서
품을 받기 전에 아들이 있을 수 있음을 상정한다. 이러한
아들은 '합법적인 아들'로 간주한다.

그런데 서품을 받은 뒤 자신의 정식 아내와도 성관계
는 일절 금해야 했다. 그 때문에 서품을 받은 뒤 낳는 아
들은, 그것이 정부인과의 관계에서 낳았든, 아니면 내연
녀와의 관계에서 낳았든, 모두 '불법으로 태어난 자'가 된
다. 교황 보니파티우스^{Bonifatius} 8세때인 1298년에 편찬되
고, 다섯 권으로 된 '별권'의 여섯 번째 책으로 첨가된다
는 의미에서 '여섯 번째 권'^{Liber Sextus}이라는 이름이 붙은
교회법령집에서는 이 '불법으로 태어난 자'를 '출생의 결
함'^{defectus natalium}이 있는 자로 간주한다. ^{SextusI.11.1}

그라티아누스가 이런 자에게 열린 자세를 취하였다면,

그레고리우스 9세의 '별권'은 그와 정반대의 입장을 표명한다. 그다음 논지가 어떻게 나올지 기다려진다.

3. 교회의 부자세습, 추적하여 해임하라!

'불법으로 태어난 자'와 관련해 그레고리우스 9세의 '별권'은 직설적인 거부감을 표하며, 거침없는 행보를 이어간다. 이런 기조는 두 번째 장에서도 머뭇거림 없이 표출된다. 그라티아누스의 침묵에 시위라도 하듯 거침없이 내뱉는다.

> "사제의 불법적 아들이, 이 사실을 침묵하고 교
> 황의 교서를 통해 아버지의 교회를 획득했을
> 경우, 이 교회에서 해임되어야 한다."Extra1.17.2
> Illegitimus filius sacerdotis, qui, hoc tacito,
> per rescriptum apostolicum paternam ec-
> clesiam impetravit, removetur ab illa.

사실 첫 번째 장과 두 번째 장의 논리 전개가 너무 빠르다. 논리의 비약으로 느껴질 정도로 말이다. 그만큼 그레고리우스 9세와 '별권'의 편찬자는 사제의 아들들과 관련해 가장 큰 문제를 교회의 세습이라고 본 것 같다. 그들은 교회 세습을 반대하는 전형으로 1159-1181년까지 교황으로 재위하였던 알렉산더 3세를 인용한다.

> "우리에게 온 사제 R이 자신이 성직자의 아들이라는 것을 숨기고 속임수를 통해 허가 증서를 받아서 빌스비[Beelsby] 교회에서 전속사제로 일하고 있다. 그런데 그 교회는 그의 아버지가 사역했던 곳이다. 그러므로 우리는 교황의 서면을 통해 너의 판단에 위촉한다. 이 문서를 받은 후 40일 동안 일의 진위를 열심히 조사하여, 문제의 R이 사제에게서 태어났고, 그의 아버지가 같은 교회에서 사역하였다는 것이 확실해질 경우 우리에 의해 이미 공포된 문서에 방해받지 말고 그 자에게서 모든 탄원의 기회를 박탈하고 지체 없이 그 자리에서 면직하라."[Extra1. 17.2]

Ad praesentiam nostram accedens R. pres-
byter, tacito, quod esset filius sacerdotis, per
fraudem [literas] impetravit a nobis, ut in
ecclesia de Bilesbi, in qua pater eius minis-
travit, exsisteret capellanus. Ideoque discre-
tioni tuae per apostolica scripta [praecipien-
do] mandamus, quatenus infra XL. dies post
harum susceptionem literarum rei veritatem
inquiras diligenter, et si tibi constiterit, quod
memoratus R. sit in sacerdotio genitus, et
quod pater eius in eadem ecclesia ministra-
vit, non obstantibus praedictis literis nostris,
ipsum omni occasione et appellatione ces-
santibus amoveas ab eadem.

　이미 본 바와 같이, 성직자의 아들이 성직자가 되는 것
은 중세 시대 전체를 관통하던 일반적인 현상이었다. 이
와 같은 정도는 아니지만, 아버지 사제가 아들 사제에게
교회와 그와 관련된 특혜들을 물려주는 것도 심심치 않

게 일어났다. 이것을 막을 수 있는 가장 효율적인 방법은 사제의 아들들에게 사제가 되는 길을 원천적으로 차단하는 것이었다. 이것이 불가능하기에 교회 세습만큼은 막으려고 안간힘을 썼다. 그 때문에 사제의 아들이라는 것을 숨기고 사제가 되는 일도 다반사였을 것이다. 이것을 숨기는 방법의 하나가 아버지 사제가 자기 아들을 조카로 둔갑시키는 것이다. 바로 여기에서 네포티즘[nepotism]이 유래한다. 알렉산더 3세는 모든 세습문화를 뿌리 뽑기 위해 아버지가 사역했던 교회에서는 어떤 상황에서도 아들이 사역하는 것을 금지한다. 만약 그런 경우가 발견되면, 해결방법은 지체 없는 해임이다.

'불법적으로 태어난 자'에 대한 교회 대물림에 대해 '별권'은 단호한 입장을 취한다. 17장 마지막 부분에서 두 번이나 거듭 강한 반대의 목소리를 내기 때문이다.

> "불법적으로 태어난 사제의 아들은 아버지의 교회에서 성직록을 받아서는 안 된다."[Extra.I.17.15]
> Illegitimus in ecclesia paterna praebendari non debet.

"불법적으로 태어난 아들, 특히 사생아가 아버지
가 임명된 교회에서 임명될 때, 그 임명은 유효
하지 않으며, 임명하는 자는 그의 성직록이 정
지되어야 한다."[Extra1.17.16]
Si illegitimus, maxime filius spurius, institui-
tur in ecclesia, in qua institutus est pater, in-
stitutio non valet, et instituens a suis benefi-
ciis suspendatur.

불법적으로 태어난 자가 아버지 교회에서 성직록을 받
지 못한다는 것은, 아들이 적어도 차부제 이상의 고위 성
직자가 될 수 없다는 것이다. 그라티아누스 이전의 교회
법과 같은 목소리를 내고 있다. 아들을 아버지 교회로 임
명하는 자도 성직록이 정지된다는 것은 세습금지를 좀
더 효과적으로 관철하려는 방법으로 간주한다. 당사자인
아들은 물론 제삼자가 되는 임명권자까지 면직한다는 것
은 분명 관여자들을 망설이게 할 수 있기 때문이다. 그만
큼 교회 세습을 막으려는 절박감을 읽을 수 있다.
　'별권'은 세습 문제를 좀 더 자세히 규정한다. 교회 세

습의 가장 큰 문제는 아들 성직자가 아버지 교회의 책임
있는 성직자가 되는 것이다. 그래서 이것의 금지를 분명히
표명한다.

> "성직자의 아들은 아버지의 교회의 책임 있는
> 성직자가 될 수 없다."Extra1.17.3
> Non potest filius sacerdotis ecclesiae pater-
> nae praeesse.

여기서 '책임 있는' 위치의 성직자란 차부제 이상의 고
위 성직자를 말하는 것으로 보인다. 그렇다면 이 규정은,
요즘 말로 하면, 담임목사뿐만 아니라, 부목사와 전도사
등 모든 사역을 금지하는 것이다. 아버지가 담임 목사로
있었던 교회만이 아니라, 부목사나, 전도사로 있었던 교회
에서도 아들이 목회자가 되는 것을 원천적으로 차단하는
것이다.

그런데 교회 세습이 무대로 등장하게 된 배경에는 '자
기 교회'와 관련된 봉토封土 문제가 있었다. 일반적으로 '자
기 교회'의 소유주는 사제를 임명하는 것과 관련해 해당

3. 교회의 부자세습, 추적하여 해임하라! 163

지역 주교의 허락을 받아야 했지만, 추천을 통해 자기 목
소리를 낼 수 있었다. 이것은 사제를 임명하는 주교와 늘
갈등 거리였다.

그런데 이런 갈등의 상대자로 또 한 부류의 사람들이
등장한다. 바로 죽은 성직자의 아들이다. 아버지가 받았
던 성직록을 대물림으로 받고자 하는 욕망과 이를 위해
성직에 임명되고자 하는 열망이 클 경우, 교회를 둘러싼
갈등은 더욱 증폭되었다. 이와 관련된 판례를 '별권은 제
시한다. 1177년에 알렉산더 3세가 영국 우스터^{Worcester}에
있는 주교에게 보내는 편지가 그것이다.

> "M 성직자가 우리에게 불평을 털어놓아 알게
> 된 것이 있다. 사제 R이 그 도시의 성 마리아
> 교회를 마치 권리 주체를 가진 사제인 것처럼
> 오랫동안 소유하고 있다가, 그가 죽은 뒤 땅의
> 주인에 의해 밀로^{Milo}가 추천되었다. 그런데 (죽
> 은) 사제가 사제직에 있을 때 낳은 아들 R이 밀
> 로의 성직 임명을 막으려고 애를 썼다. 그리고
> 그가 할 수 있는 모든 방법을 동원하여 그 교

회를 소유하려 안간힘을 썼다. 그러나 아들이 교회에서 아버지의 후임이 되는 것이 부당하고 거룩한 교회법에 위반되기 때문에, 이 잘못을 뿌리 뽑기 위해 간절히 그리고 열심히 주의를 환기하고자 한다. 우리는 너희 형제들에게 사도적 문서를 통해 명령한다. 앞서 말한 성직자 R의 아버지가 앞서 말한 교회에서 사제직에 있었다는 것이 확실한 것으로 확인되면, 너희는 그 아들을 같은 교회에서 사역하게 하지 말아야 하며, 그 교회의 사제직을 소유하게 해서도 안 된다. 그리고 혹시라도 그가 다른 이유로 그곳에 이미 임명되었다면, 탄원의 구제책이 마련된 후에, 우리의 권위에 근거해 그를 면직하는 것을 늦추어서는 안 된다. 그리고 앞에서 언급한 M이 너에게 추천될 때, 그 추천이 소유주에 달려 있다는 것이 식별되면, 반대와 탄원에 꾸물대지 말고 그를 받아들이고, 조용히 그 교회를 소유하게 하라."Extra1.17.4

Conquerente nobis M. clerico auribus nos-

tris innotuit, quod, quum R. presbyter ec-
clesiam B. Mariae de Vicum tanquam per-
sona diutius habuisset, [et] post mortem ei-
us idem Milo a Richardo Paciford domino
fundi fuisset praesentatus, R. filius eius pres-
byteri in sacerdotio genitus institutionem
ipsius clerici nisus est impedire, et ad ha-
bendam ecclesiam eandem modis omni-
bus, quibus potest, adspirat. Quoniam igi-
tur indignum est et canonicae obviat sanc-
tioni, ut filii debeant patribus succedere in
ecclesiis, nos ad enormitatem istam eradi-
candam sollicite volentes et diligenter inten-
dere, Fraternitati tuae per apostolica scripta
praecipiendo mandamus, quatenus, si pu-
blicum est et notorium, patrem praedicti R.
clerici habuisse in praedicta ecclesia perso-
natum, filium eius ibidem ministrare aut ei-
usdem ecclesiae personatum habere nulla-

tenus patiaris, et, si forte [aliqua causa] iam
institutus est ibi, eum, sublato appellationis
remedio, auctoritate nostra inde non diffe-
ras amovere, et memoratum M. si tibi ad ip-
sam ecclesiam fuerit praesentatus ab eo, ad
quem praesentatio spectare dignoscitur, ibi
dummodo alias idoneus sit, contradictione
et appellatione cessantibus, non postponas
recipere, ipsumque facias praedictam quie-
te possidere ecclesiam.

굉장히 복잡한 소송사건이다. 그러나 충분히 일어날 수
있는 일이다. 이 사건을 해결하는 중심 열쇠는 아버지의
교회를 아들이 물려받지 못한다는 것이다. 이미 대물림이
이루어졌다면 아들 사제는 그 교회에서 면직되어야 한다.

그런데 먼저 해결되어야 하는 것이 있다. 교회를 대물
림하는 이유가 아니라, 무언가 다른 이유로 인해[aliqua causa]
아버지 교회를 맡도록 이미 임명되었을 경우다. 이 경우
에는 무조건 아들 사제를 해임해서는 안 된다. 먼저 대책

remedium이 세워져야 한다. 이 대책이란 다른 교회에서 사역을 할 수 있도록 그런 자리를 미리 알아봐 주는 것이다. 이러한 대책은 성직자로 서품을 받는 자들의 일반적인 생계와 관련이 있다. 일단 서품을 받은 자는 그에 합당한 성직록을 받아야 한다는 것이 기본 규정이다. 이것은 사제의 아들이 성직자로 서품을 받을 때도 예외는 아니다. 그래서 '별권'은 사제의 아들로서 차부제로 임명된 자의 경우를 소개하며 "성직자의 아들이 서임을 받은 후에 성직록을 받지 못해서는 안 된다"고 표명한다.[Extra1.17.6] 서품은 서품이다.

위 소송사건에서 유추할 수 있는바, 교회의 직접적인 대물림이 문제가 되고 있음을 알 수 있다. 실제로 '별권'에서 무엇보다 금지하는 교회 세습은 직접적인 대물림이다. 이것을 '별권'은 다음과 같이 분명히 한다.

"아들이 아버지의 교회를 곧바로 물려받았다는 것이 명백하다면, 그는 증인들의 그 어떤 증언도 들을 필요 없이 그 교회에서 해임되어야 한다."[Extra1.17.10]

Si manifestum est, quod filius in ecclesia im-
mediate successit patri, sine aliqua testium
receptione ab illa removebitur.

모든 소송사건에는 증인들의 증언 또한 중요한 역할을
한다. 그런데 아버지에 이어 '곧바로'[immediate] 하는 대물림은
이런 것을 들을 필요도 없이 즉시 파면할 수 있다. 그 정
도로 아버지와 아들 성직자의 직접적인 대물림은 금지되
었다. 이것은 '불법으로 태어난 자'에게만 해당하지 않았
다. 심지어 '합법적으로 태어난 아들'에게도 해당하였다.

"합법적인 아들이라 할지라도 부제이거나 교구
사제인 아버지를 곧바로 계승하는 자는 교회에
서 면직된다."[Extra1.17.11]
Filius etiam legitimus removetur ab ecclesia,
in qua immediate successit patri vicario vel
rectori.

합법적인 아들까지도 직접적인 대물림은 안 된다고 할

정도로 '별권'은 부자의 교회 세습을 강하게 금지한다. 그 라티아누스의 교회법과는 달라도 너무도 다른 어조를 느 낄 수 있다. 그 때문에 그라티아누스의 입장이 아주 예외 적인 특수한 경우임을 알 수 있다.

4. 교회의 부자세습이 가능한 경우

'별권'은 아버지와 아들이 대를 이어 같은 교회에서 사 역하는 것에 반대하는 태도를 분명히 취한다. 그런데 이 것을 관철하는 데 어려움을 겪을 때가 있었다. 바로 주교 가 새로운 사제를 교회에 임명할 때, 교회 물림의 당사자 가 아버지와 아들이라는 것을 사전에 알았을 때는 어떻 게 하느냐 하는 것이다. 부자 관계를 알고도 했을 경우는 아들 사제의 면직이 가능하지 않다.

> "주교가 알고 있으면서도 사제의 아들에게 아버
> 지의 교회를 맡겼다면, 거기에서 그를 면직시킬
> 수 없다."Extra1.17.5

Episcopus, qui scienter contulit filio sacerdo-
tis paternam ecclesiam, exinde eum remo-
vere non potest.

이러한 주장에 대한 근거를 '별권'은 1177년에 런던의
주교에게 보낸 알렉산더 3세의 편지를 인용한다. 그라티
아누스의 '교황법령집'이 사제의 아들들에 대한 규정에
서 다마수스 2세를 주요 지지자로 거듭 인용하였다면,
'별권'에서는 알렉산더 3세가 그 역할을 맡고 있다고 할
수 있다.

"성직자 N이 우리에게 와서 탄원하였다. 네가 그
에게 허락하고 맡긴 뉴버그Newburgh의 성 L 교회
의 한 작은 채플을 그에게 주고 맡기고 불러 사
제 사품을 주었음에도 불구하고, 후에 그의 아
버지가 그 교회에서 사역하였다는 이유로 이
것을 빼앗았다고 짧게 설명하였다. 그래서, 사
랑하는 형제여, 사도적 문서를 보내며 너에게
명령한다. 네가 그것을 그에게 주었을 때, 그

의 아버지가 그 교회에서 성직자로서 사역하였
다는 것을 네가 이미 알고 있었다면, 그것을 그
에게 지체 없이 되돌려 주고 평화 가운데 돌려
보내라. 혹시라도 다른 사람을 그 자리에 임명
했다면, 그를 면직시킨 후에 말이다. 그러나 네
가 이것을 모르고 그에게 교회를 주기 위해 사
제서품을 주었다면, 그것을 그에게 돌려주되
다른 교회에서 먹고살기 괜찮은 자리를 마련
할 때까지이다. 너는 그에게 언급한 교회에 대
해 어떤 불평이나 불쾌감도 일게 해서는 안 된
다."Extra1.17.5

Veniens ad praesentiam nostram N. clericus
lator praesentium supplici nobis insinuatio-
ne proposuit, quod, quum illum ad capel-
lam ecclesiae sancti L. de Novoburgo, quam
ei concessisti et assignasti, attitulasses, et
ad eandem in presbyterum ordinasses, ip-
sum ea postea spoliasti eo, quod pater ei-
us in praedicta ecclesia ministravit. Ideoque

fraternitati tuae per apostolica scripta prae-
cipiendo mandamus, quatenus, si tibi inno-
tuerit, quando eam sibi dedisti, quod pater
eius presbyter in dicta ecclesia ministrasset,
ipsam ei dilatione et appellatione cessante
restituas et in pace dimittas, amoto alio, si
quem instituisti forsitan in eadem. Verum si
hoc ignorans fecisti, ex quo ad ecclesiam ip-
sam eum in presbyterum ordinasti, eam sibi
restituas, et donec in alia ecclesia sibi provi-
deas, unde honeste valeat sustentari, eidem
nullum super praedicta ecclesia gravamen
inferas vel molestiam.

아마도 부자 관계를 모르고 아들 사제를 아버지 교회
에 임명하는 일도 있었지만, 알고도 하는 경우도 적지 않
았을 것이다. 교회를 위한다는 순수한 마음에서 그렇게
하는 때도 있지만, 아마도 돈을 받고 눈을 감아주는 경우
도 많았을 것이다. 어떠한 경우든, 주교가 알고도 했다면

교회 대물림은 뒤집을 수 없다. 그래서 주교의 역할이 매우 중요하다. 이러한 주교의 위치 때문에 교회 대물림과 관련하여 편법이 판을 칠 수 있는 토양이 만들어졌다. 곧, 주교에게 돈이나 세상적인 유익을 주고 대물림을 감행하는 성직매매가 판을 칠 수 있었다.

아버지와 아들의 교회 대물림에 대해 애매한 또 한 가지 경우는 아들이 아버지에 이어 곧바로 교회의 성직자가 되지 않을 때이다. '별권'의 기본 입장은 다음과 같다.

> "아버지가 바로 직전 성직자가 아닌 교회에서는
> 아들이 성직자가 될 수 있다."[Extra1.17.7]
> Filius praeesse potest ecclesiae, cui pater
> praefuit mediate.

'간접적으로[mediate]라는 말이 뜻하는 것을 요즘 말로 하면, 징검다리 교회 물림은 된다는 것이다. 아마도 많은 사람이 이 말에 매력을 느낄지도 모른다. 그런데 당시의 징검다리 세습이란 어떤 것일까? '별권'은 이러한 세습이 가능함을 증명하기 위해 알렉산더 3세가 1177년에 캔터베리 대주교에게 보내는 편지를 인용한다. 한 수도승이 한 교회의 성직으로 추천된다. 그런데 그의 아버지가 같은 교회에서 사역하였다는 이유로 거절된다. 그런데 "그가 죽은 뒤에 어떤 사람이 그사이에 끼어들었다^{intercessit}." 바로 이 '끼어듦' 때문에 교황은 이것을 교회법이 금지하고 있는 교회 세습으로 간주하지 않는다. 이 서신에서 확인할 수 있는바, 당시 사제의 임기란 죽을 때까지였다. 그러므로 징검다리 교회 물림이란 '끼어든' 사제가 갑작스러운 죽음과 같은 어떤 불가피한 연유 이외에는 사실상 불가능하다고 할 수 있을 것이다.

아버지가 사역했던 교회로 아들이 임명되는 것이 가능한 또 한 가지는, 아버지가 일종의 평신도 지도자로 일했을 경우이다. '별권'은 그것을 다음과 같이 표현한다.

> "아들은 아버지가 성직자의 직위를 가지지 않고 사역을 한 교회에서는 사제가 될 수 있다."
>
> Extra1.17.8
>
> Filius praeesse potest ecclesiae, in qua pater sine titulo ministravit.

성직자의 직위^{titulus}가 없이 사역하는 것이 가능할 수 있었을까? 그러한 경우에 대해 '별권'은 알렉산더 3세가 1178년에 우스터의 주교에게 보내는 편지에서 소개한다. 그것은 아버지가 "실질적인 성직자^{persona}나 종신 보좌신부 $^{perpetuus\ vicarius}$"가 아니라, 일종의 평신도 지도자로 가끔 성직자의 일을 대신에 할 경우이다. 또한, 1169년에 캔터베리의 대주교에게 보내는 편지에 의하면, 체스터^{Chester} 지역에 성직자가 아니라 평신도가 사역하는 교회들이 여러 개 존재하는 교회가 있었다.[Extra1.17.2]

또 한 가지 교회 대물림이 가능한 경우는 교황의 '면제 권한'과 관련이 있다. '별권'은 이 면제 권한이 교황에게만 있음을 전제한다.

> "교황 외에는 누구도 아들이 아버지의 교회를 곧바로 계승하는 것에 대해 면제 조처를 내리지 못한다."[Extra1.17.17]
> Alius quam Papa non dispensat, ut filius in ecclesia paterna immediate succedat.

오직 교황에게만 '면제 권한'이 있음을 분명히 하기 위해 브뤼게[Brugge]에 있는 성 마리아 교회의 수석 신부와 관련하여 교황 호노리우스 3세가 1220년경에 보낸 편지를 인용한다. 여기에서 교황은 랭스[Rheims]의 대주교가 교부한 '면제권'은 효력이 없음을 밝히며, 오직 교황에게서 나간 '면제'만이 효력이 있음을 분명히 한다.

교회 대물림을 허락하는 교황의 면제권은 그라티아누스 교회법에도 나오는 것이다. 그만큼 교황의 면제권은 초헌법적 권위를 가진다. 바로 이러한 성격을 '별권'도 분명히 한다.

> "교황이 누군가를 면제할 때, 아버지의 교회를 직접적으로 받는 것과 관련하여 성직자의 아들들에 대해서도 면제권을 발동할 수 있다. 그 때문에 이와 관련하여 누군가가 교황으로부터 허락을 받는다면, 그는 후에 그에 대항하여 손에 넣은 법정 서류를 통해 면직될 수 없을 것이다."[Extra1.17.11]
>
> Si is, cui concessum est a Papa, ut possit di-

spensare cum filiis sacerdotum circa ecclesias
paternas immediate tenendas cum aliquo di-
spensat, ille per literas iustitiae postea contra
eum impetratas removeri non poterit.

교황은 교회법 위에 있다. 그에 의해 교회법이 공포되
지만, 그는 교회법에 예속되지 않고 그에게는 교회법을
뛰어넘는 특별한 권한이 있다. 교회법에 근거한 판결보
다 더 큰 효력을 지닌 만능 약이다. 면제를 허락하는 종
이 한 장이면, 교회의 직접적인 세습도 가능하니 세습에
관심이 있는 자들이 그 종잇조각을 얼마나 갖고 싶어 했
겠는가? 그리고 그 과정에서 얼마나 뒷돈이 오갔겠는가?
결국, 교황이 부여하는 면제특권의 강조는 의도하지 않게
성직매매를 낳는 온상이 되었다.

루터의 95개 논제를 세상에 내놓게 된 도화선이 바로
이런 면제권이 아니었던가? 나이가 되지 않는 자에게 대
주교 자리를 줄 수 없다는 교회법과 두 개 이상의 교회
자리를 가질 수 없다고 규정하는 교회법에도 불구하고
막데부르크의 대주교 알브레히트에게 면제권을 준 것 말

이다. 이 종잇조각은 교황의 면제권이 성직매매의 온상이 되었으며, 교회의 개혁 운동을 불러일으키는 단초가 되었다. 법 위에 군림하는 '면제 권한'이라는 편법은 교회를 피폐하게 만드는 불법을 낳기 마련이다.

5. 교회법과 교회법의 대결

1917년까지 로마-가톨릭교회의 공식적인 법으로 간주해 온 그라티아누스의 교회 법령집과 그레고리우스 9세의 교회 법령집은 성직자의 아들들과 관련해 달라도 너무 다른 목소리를 보여준다. 전자가 성직자의 아들들에 대해 긍정적인 태도를 보인다면, 후자는 단호하게 부정적인 견해를 취한다. 이런 점에서 후자는 제2차 라테란 공의회와 그 이전의 결정들과 결을 같이 한다. 그리고 그라티아누스의 흔들기와 비틀기를 소수 의견으로 자리 잡게 한다.

그레고리우스 9세의 교회 법령집은 과하다 싶을 정도로 교회 세습 문제로 돌진한다. 이 또한 그라티아누스의 침묵을 노골적으로 반박하는 모양새를 갖는다. 어쩌면 이런 침묵이 교회 세습을 부추기는 역할을 하였으며, 이로 인한 폐해가 너무도 극심하여 속히 말하지 않고는 견딜 수 없다는 다급함까지 느껴질 정도이다.

그런데 이 과정에서 그레고리우스 9세의 교회 법령집도 우를 범한다. 성직자의 아들을 '불법으로 태어난 자'로 자리매김하며 교회법적으로도, 세상 법적으로도 아무 권리가 없는 비존재로 만드는 무리수를 둔 것이다. 법적으로 보호받아야 할 울타리를 없앤 결과, 사회로부터 태어나지 말았어야 하는 존재가 태어났다는 손가락질을 받아야 했고, 숨어 살아야 하는 어둠의 자식이 된다. 루터가 성직자의 독신제를 없애야 한다고 주장한 근거 중의 하나가 바로 이런 사제의 아들들에 대한 비인권적인 폭력과 그 폭력 속에서 비참한 삶을 살아야 했던 그들의 현실을 타파하려는 것이 아니었던가!

그레고리우스 9세의 교회 법령집이 낳은 또 하나의 문제점은 교황의 면제 권한을 너무 전면에 내세운 것이다. 초법적인 권위를 가지는 이 면제의 권한은 보편적이고 상식적인 교회 질서를 파괴하였고, 결국 교황청을 성직매매의 소굴로 만들었다. 루터가 세상을 향하여 던진 95개 논제가 나오게 된 실마리가 바로 이 면제권이 아니었던가! '모든 길은 교황에게로 통한다'는 말을 할 수 있을 정도로 교황을 극대화한 것은 역설적이게도 교황청의 부패와 교회의 피폐로 이어졌다.

　이러한 문제점에도 불구하고 그레고리우스 9세의 교회법령집이 왜 그렇게까지 교회세습을 막으려 했는지는 충분히 이해할 수 있다. 교회세습이 공교회를 그만큼 사교회로 전락시키기 때문이다. 그런데 이것을 막는 과정에서 일어난 것은 아이러니하게도 공교회가 '교황-교회'가 된 것이다.

V. 나가는 아니리

1. '독목'禿木

새 출발을 위한 스스로의 후려침
일체의 치레며 소유를
남김없이 걷어치운 걸 본다

빛나는 부활에의 적나라한 투신

문은 아예 대못을 꽝꽝 쳐 닫아걸고
속으로 지져대는 단근질을 본다

세습의 시대에
자기 이월마저의 당당한 거부

눈얼음 바람에 뼈의 몸으로 버텨 서서

새 잎과 꽃과 열매와 곤충들의 씨알을
몸속에 차곡차곡 쌓아올리는 걸 본다

백우선의 시 '독목'枯木 전문이다. 잎이 다 떨어져 앙상
하게 된 나무를 바라본 시인은 그 나무에서 모든 소유를
남김없이 걷어치우는 삶의 예술을 배운다. 물려주고 이어
받는 '세습의 시대'에 뼈만 앙상하게 남은 독목에게서 "자
기 이월마저 당당히 거부"하는 비움의 극치를 본다. 값싸
게 남발되는 모든 희망을 후려치고 '정직한 절망'을 마주
대한 시인은 역설적으로 새로운 '씨알'을 본다.

그렇다. 몸속에 차곡차곡 쌓아 올라오는 희망의 씨알
을 보기 위해 우리는 모든 거짓 희망들을 남김없이 걷어
치워야 한다. 두렵고 떨리는 마음으로 우리의 입술에 진
실을 담기 위해 그럴듯한 언어로 포장한 입바른 소리를
손바닥으로 발바닥으로 닦아내야 한다. 예수의 '독목'을
지고 영문 밖으로 나가기 위해 바벨탑처럼 높이 쌓으려는
'명성'을 쓸어내야 한다. 비움을 통해 부활에 이르는 신비
를 배우고 살기 위해 나와 너 안에 똬리를 틀고 있는 소
유의 창고를 비워야 한다.

이를 위해 얼마나 많은 단근질이 우리를 아프게 할까?
그리고 이 아픔의 사찰祭에서 눈물을 흘리며 읊조린 소리
를는 어떤 시詩를 남길까? 삶이 힘든 인생길에서 시가 쉽게

쓰이는 것을 부끄러워했던 시인처럼 "등불을 밝혀 어둠
을 조금 내몰고 시대처럼 올 아침을 기다리는 최후의 나"
를 만나 그와 함께 "세습의 시대에 자기 이월마저의 당당
한 거부"를 외치는 광야의 소리가 그립다.

2. 교회 세습은 성직매매다!

2018년 1학기에 나는 학생들과 함께 위클리프의 '성직
매매에 대하여'De simonia를 읽었다. 사전에도 나오지 않는
중세 라틴어가 많아 번역하기 참 어려운 텍스트였다. 그런
데도 이 책을 강독한 이유는 명성교회의 세습 문제에 대
해 학자로서 응답하기 위해서였다. 나름 많은 것을 배웠
는데, 그것을 강의실 안에만 가두지 않고 명성교회로, 총
회로 흘러가도록 하기 위해 그해 9월 3일에 다음과 같이
페이스북에 남겼다.

나는 목사가 되기 전에
이미 신학자가 되어 있었다.

신학자로서 나는 신대원에 들어갔고
소정의 목회 과정을 거쳐 목사가 되었다.
그 때문에 나의 목회사고 속에는
신학자로서의 성향이 강하게 배어 있다.
다른 말로 표현하면,
학자가 지녀야 할 양심과 관찰방식과 책임감이
항상 나를 따라다닌다.

그래서인지 명성교회의 세습 문제도
나는 학자적인 관점에서 먼저 바라본다.
따라서 총회가 결정하였기 때문에
교회가 따라야 한다는 주장을
그냥 되뇌지 않는다.
이미 루터는 교황도(총회장도), 공의회도(총회도)
잘못된 결정을 수없이 내렸으며
심지어 이전의 결정을 뒤집는 경우도
허다했음을 지적하며
교황도(총회장도), 공의회도(총회도)
믿지 않는다고 선언하지 않았던가?

지난 학기 나는 신학자로서

명성교회의 세습 문제에

신학적으로 답하기 위해

위클리프의 '성직매매에 대하여'라는

책을 학생들과 함께 읽었다.

그 시대를 향하여 던지는 원색적인 선언에

나도 학생들노 놀라지 않을 수 없었다.

교회를 부패하게 만드는

가장 원흉이 되는 성직매매가

거의 모든 사람이 참여할 정도로

보편적인 일상이 되었다는 지적은

우리의 양심을 찔렀다.

또한, 좀 좋은 교회의 사제가 되고

좀 높은 지위에 오른 주교 중에

성직매매를 하지 않은 자가

거의 없다는 주장과

이런 성직매매자 모두가

이단 중의 이단이라는 일갈은

교회를 도적의 소굴로 만드는데

우리가 얼마나 동참하였는지를 고발하는
광야의 소리로 들렸다.

이 수업을 준비하고 진행하면서
교회 세습이 성직매매의 일종임을 알게 되었다.
또한 사제의 독신제가
아들이나 친인척에게 교회를 세습하여
교회가 사유화되는 병폐를
막기 위한 방편 중의 하나로
주장된 것도 알게 되었다.

이렇듯 명성교회의 세습은
교회사적으로 볼 때
하나님의 집인 교회를
도적의 소굴로 만드는 성직매매요,
신자들의 공동체와 공유 재산을
사적으로 착복하는 도적의 행위로 볼 수 있는
충분한 여지를 제공한다.
명성교회의 세습은

신학자들을 이런 학문적인 연구로 초대하며
보다 신학적인 대답을 내놓도록 채찍질한다.

'교회 세습은 성직매매다.'
나는 내일 이 피켓을 들고
명성교회 앞에서 1인 시위를 할 것이다.

3. 내가 교회 세습에 반대하는 것은?

2018년 9월 4일, 나는 명성교회 앞에서 '교회 세습은
성직매매입니다'라는 피켓을 들고 일인 시위를 하였다. 이
자리를 빌려 함께 해준 안영술 목사에게 감사드린다. 시
위하는 동안 명성교회의 장로 한 사람이 다가와 교회 세
습이 왜 성직매매인지를 따지며 물었다. 이분은 자신의
말에 논리적 모순이 들어 있는 것을 감지했을까? 만약 그
렇다면 이런 질문을 던지지 않았을 것이다. 교회 세습과
성직매매가 무슨 상관이 있느냐는 질문은 부지불식간에
명성교회의 세습을 인정하는 것이기 때문이다.

이것을 통해 내가 깨달은 것이 있다. 명성교회 교인들도, 심지어 그 핵심적인 위치에 있는 자들도 명성교회가 아버지에서 아들 목사로 이어지는 부자 세습을 하고 있다는 것을 알고 있다는 것이다. 문제는 이것이 교단 헌법을 적법하게 따른 것이며, 교회를 위한 최선의 방법이라고 믿는다는 것이다. 도대체 명성교회 교인들의 이 믿음은 어디에서 온 것일까? 왜 봉건시대에나 있을 법한 이런 교회 세습을 앞장서서 옹호하고 변호하는 것일까? 이러한 질문을 배경으로 하여 총회가 열리는 9월 10일에 페이스북에 '내가 교회 세습에 반대하는 것은?'이라는 제목의 글을 올렸다.

공교회인 교회를 자식에게 물려주는 것에는
여러 이유가 있을 수 있다.
그중 하나는,
목사의 권위가
거대한 바벨탑이라는 것이다.
그런데 바벨탑이 된 목사의 권위는
목사와 신자들이 함께 세운 것이다.

좋은 동기에서 그렇게 되었든,
정치적인 셈법에 의해 그렇게 되었든,
경제적인 이해타산에 의해 그렇게 되었든,
교회 세습을 시행하는 교회뿐만 아니라
많은 교회가 이런 바벨탑에서 자유롭지 않다.

많은 사람이 목사만 탓한나.
바벨탑의 기초를 쌓고
점점 더 거대하게 올라가게 하는 데는
영적 권위를 휘두르는 목사의 행태가
가장 큰 역할을 한 것은 맞다.
이런 의미에서 오늘 총회에 참석하는 목사들이
자신의 교회에서 쌓아 올린 바벨탑을 헐기 위해
양심의 망치를 들었으면 한다.

그런데 이 바벨탑이 목사에 의해서만
일방적으로 세워진 것은 아니다.
또 한 축이 있는데
그것은 신자들의 맹목적인 따름이다.

신자들의 순수한, 그래서 아름다운 순종은
뒤집어 보면, 무비판적인 맹종으로 나아갈
위험성을 다분히 내포하고 있다.
그리고 이런 맹종은 독재 권력을 구축하는데
일익을 담당한다.
이런 의미에서 오늘 총회에 참석하는 장로들이
목사에 대한 맹종을
하나님께 대한 순종으로 둔갑시키고 합리화하는
생각 없는 신앙과
이로 인해 더욱 거대해진 바벨탑을
회개하는 마음으로 헐기 위해
눈물의 망치를 들었으면 한다.
우리는 모두 바벨탑을 쌓는데
이런저런 모양으로 참여해 왔다.
한편으로는 권위를 내세우면서,
다른 한편으로는 권위에 맹종하면서.
이젠 이런 권위를 내려놓자.
그리고 이런 권위에 맹목적으로 따르는
불신앙도 내려놓자.

대신 건강한 권위가 무엇인지
함께 고민하며 세워가자.
이것이 명성교회의 세습반대에만 매몰되지 않고
그 너머로 가는 길이다.
이것이 편법과 불법이 판을 치는
노회와 총회를 넘어서는 것이다.

물론 목사의 권위를 너무 깎아내려
고생을 하는 목사도,
혼란을 겪는 교회도 있다.
이런 교회도 건강한 권위를 세우기 위해
얼굴과 얼굴을 맞대고
건설적인 토론 문화를 만들어 가면 좋겠다.

그렇다. 내가 교회 세습에 반대하는 것은 중세의 봉건
시대에 기형적으로 만들어진 목회자의 영적 권위와 이 권
위에 맹목적으로 복종하는 신자들의 생각 없는 맹종이
그 바탕에 깔려 있기 때문이다. 맹종이 지배하는 곳은 주
님이 머리가 되는 교회가 아니라 우상이 된 '목사-주님'이

다스리는 곳으로 전락한다. 아버지에서 아들로 세습을 강행하는 교회들이 이런 나락에서 나오기를 바라는 마음 간절하다.

4. 우리 안의 '아이히만'과 명성의 교회 세습

나는 2020년 5월 24일에 '아이히만의 본디오 빌라도와 5.18 군 지휘관'이라는 제목으로 설교를 하였다. 그리고 그날 오후에 설교의 에필로그로 '우리 안의 아이히만과 명성의 교회 세습'이라는 제목으로 페이스북에 글을 올렸다. 그것을 여기에 다시 옮겨 싣는다.

2017년 나는 교회를 사임하였다.

가장 큰 이유는

한 목사를 우상으로 만드는 교회 문화에

종지부를 찍고 싶었기 때문이다.

교회의 우상 문화는

목사가 주도적으로 이끄는 경우도 있지만

목사와 상관없이
신도들이 주도하는 경우도 있다.

어떤 경우든
긍정적인 유교 문화가 반영된
부분이 분명 있다.
그러나
생각하는 기능이
일그러지거나 마비되면
부정적인 부분이 부각되며
우상 문화가 만들어진다.

이런 우상 문화를 극복하기 위해서는
무조건 믿는
맹목적 신앙의 울타리에서 벗어나
생각하는 신앙문화를 정착해야 한다.
그래서 나는
생각하는 신앙인이 되어야 한다고
수없이 설교하였다.

그러나 한계를 깨달은 나는
새로운 목사가 와야
깊은 잠에서 깨어날 것이라는
확신에 이르게 되었다.

그런데 나는 이 생각을
교회에 부임하고 6개월 만에
하게 되었다.
그리고 이미 그때
나의 임기를 6년으로 정하였다.
여러 번의 설교를 통해
6년 동안만 목회하리라는
암시를 충분히 하였다.
설교를 유심히 들은 분들은
아마도 눈치를 챘을 것이다.
눈치를 못 챘다면
설교의 문자만 들었기 때문이리라.
그런데 교회를 그만두자마자
명성교회가 교회 세습을 발표하였다.

그리 놀랄만한 내용이 아니었다.
이미 모든 교회는
잠정적인 명성교회라고
생각하고 있었기 때문이다.

교회를 개척한 목사로서
카리스마를 잃지 않은 목사는
잠정적인 아버지 목사가 될 수 있다.

개척 목사로서 카리스마를 잃지 않은 목사를
아버지로 둔 목사는
잠정적인 아들 목사가 될 수 있다.

개척한 목사로서
카리스마를 잃지 않은 목사를
영원한 '우리 목사님'으로
떠받드는 교회는
잠정적인 세습교회가 될 수 있다.

아무 생각 없이
목사가 말하는 대로
교회 생활을 하는 신자들이
주를 이루는 '목사-교회'는
잠정적인 세습교회가 될 위험이 크다.

세습교회를
어리숙한 자들이 다니는 교회로
오해하면 안 된다.
그 교회엔 세상에서 내놓으라는
위치에 있는 자들이 많이 있다.
그런데도 어떻게
세습이 일어날 수 있냐고
반문할 수 있을 것이다.
그것은 세상에서의 '나'와
교회에서의 '나'가
다르기 때문이다.
세상에서는 생각하는 존재일지는 몰라도
교회에서는 생각하기를 멈춘

두 존재의 차이 말이다.

또한
교회에서 개인으로서의 '나'와
교회의 집단 멘탈리티에 종속된 '나'가
다르기 때문이다.
이 두 '나' 사이의 차이를
성찰하지 못하기 때문에
얼마나 많은 혼란이
교회를 어렵게 하고 있는가?
봄 노회를 맞아
여러 노회에서
작년 총회에서의 결정을
무효로 해야 한다는
헌의안이 올라오고 있다고 한다.
고무적인 모습이다.
그러나 이와 함께
이런 헌의안을 제안하는
목사의 교회와 노회에서

생각하기 운동도

함께 펼쳐졌으면 좋겠다.

한나 아렌트가

아이히만에게서 본 본질적인 문제점인

'생각하지 않음',

이것이 가장 많이 일어나는 곳이

교회가 아닌가?

목사는

믿음의 문법을 들이대며

생각하기를 멈추게 하는

거짓 선지자의 탈을 벗어야 한다.

대신

믿음에서 생각하기로,

생각하기에서 다시 믿음으로 넘어가는

그리고 이것을 되풀이하는

생각하는 신앙인이 되어야 한다.

그리고 모든 신자를

목사의 말을 맹목적으로 신뢰하는

생각 없는 '목사-신자'가 아니라,
주체적으로 생각하며
깊은 곳으로 가 그물을 내리는
예수따르미가 되도록 도와야 한다.

이럴 때 목사는
잠정적인 세습 목사가 될 수 있는
위험에 빠지지 않을 수 있다.
이럴 때 교회는
잠정적인 세습교회가 될 수 있는
늪에서 나올 수 있다.
이럴 때 한국교회는
교회 세습이라는 유혹에
이길 수 있다.

생각하기를 통해
우리 안에 있는 '아이히만'과 거리를 둘 때
그때 우리는
교회라는 집단 멘탈리티에

종속되지 않은 자유인으로
믿음의 선한 싸움을 하는
신앙인이 될 수 있으리라.

5. 주문: 총회장을 파문한다!

요즘 세상이 교회를 향해 혀를 내두르는 것이 여럿 있다. 그 중의 하나가 교회가 광신도들을 양산할 뿐만 아니라, 점차 광신도들에 의해 점령당하고 있다는 것이다. '광신도'라는 말에 좀 불편함을 느낄 수도 있다. 그래서 이 말을 순화해서 사용하면 '목사-바라기'로 바꿀 수 있다. 많은 한국의 그리스도인들이 착각하는 것이 있다. 그것은 이단이나 사이비 종교에 빠진 자들만 광신도이고, 정상적인 교회에 다니는 사람들은 광신도가 아니라고 생각하는 것이다. 그러나 '목사-바라기'는 잠정적인 광신도다. 목사의 말에 무조건 '아멘' 하는데 익숙한 자들은 이미 광신도의 길에 접어든 자들이다.

슬프게도 많은 목사의 마음 한구석에는 자신의 교인들

이 '목사-바라기', 곧 '자기-바라기'가 되었으면 하는 마음
이 도사리고 있다. 검지를 통해서는 어린양을 보라고 외
치지만, 실은 다른 세 손가락이 가리키는 자신을 보라고
은근히 부추긴다. 이런 포장된 언어의 내면을 꿰뚫어 보
지 못하는 신자들은 부지불식간에 '목사-바라기'가 되고,
이것이 지나치면 '목사-광신도'가 된다. 이 '목사-광신도'들
에 의해 '목사-주님'의 길이 탄탄대로로 닦여지고, '목사-
주님'의 왕국이 견고하게 세워진다. 이러한 현상이 빚어내
는 가장 두드러진 기형 중의 하나가 바로 교회의 부자세
습이다.

   '목사-주님'과 '목사-광신도'들이 합작하여 만들어내는
이런 교회 세습은 교회가 마몬에 얼마나 찌들어 있는지
를 적나라하게 보여주는 한국교회의 슬픈 현실이다. 이
말은 모든 목사는 잠정적인 세습 목사가 될 수 있으며, 모
든 교회는 그런 세습을 강행하는 봉건시대의 소산물로
전락할 수 있다는 뜻이다. 교회가 얼마나 수준이 낮은 종
교 집단으로 변질하였으면 이런 일들이 버젓이 일어날까?
교회 세습을 관철하려는 자들은 신학교와 총회까지 뒤흔
들고 있다. 이를 위해 주고받는 돈은 예배당 안의 십자가

를 끌어 내리고 그 자리에 시몬 마구스 상을 달며, 총회
의 교단기도 찢어버리고 시몬 마구스 기를 세우고 있다.
교회는 세습과 성직매매로 안에서 곪고 터져 여리고 성처
럼 무너져 내리는 절체절명의 시간 앞에 서 있다.

  그렇다. 지금 일부 교회에서는 중세의 '자기 교회'를 둘
러싸고 일어났던 세습 문제가 그대로 재현되고 있다. 이
런 세습교회들의 공통점 중의 하나가 아버지 목사가 교
회를 개척하고 '목사-주님'으로 등극한 것이다.

  그런데 이런 세습교회가 모르는 것이 있다. '목사-주님'
이 다스리던 중세 시대에도 노회와 총회로 대변되는 교
회의 각종 회의가 교회 세습을 막기 위해 얼마나 치열하
고 끈질기게 싸웠는지를 말이다. 오직 마몬의 논리에 충
성하여 교회 세습을 공공연하게 행하던 자들에게 족쇄
를 채우기 위해 성직자의 아들들을 상속 권한이 없는 '교
회의 종'으로 규정하지 않았던가? 세습의 당사자는 물론
이 일에 관여한 모든 성직자를 면직하고 파면하는 강도
높은 규제책을 되풀이하여 공포하지 않았던가? 이 문제
를 해결하는 것이 얼마나 절박했으면 아예 그 뿌리를 근
절하기 위해 성직자의 독신제를 관철하려 했을까! 이렇듯

교회 세습은 개신교가 암흑의 시대라고 폄하하기도 하는 중세교회가 끊임없이 싸운 적폐였다.

그런데 우리는 지금 어떠한가? 교회 세습을 합법화하려는 자들이 정상적인 사고로는 이해할 수 없는 궤변을 늘어놓으며 낯부끄러운 줄 모르고 설쳐 대고 있지 않은가? 시몬 마구스를 앞장세워 총회와 노회와 교회를 좌지우지하고 있지 않은가? 총대라는 위치에 있는 자들이 교회 세습에 눈을 감아 주는 거수기 역할을 하고 있지 않은가? 총회장과 총회 임원들을 비롯해 교회 지도자들이 이런 교회 세습에 직간접적으로 손을 들어주고 있지 않은가?

이런 자들을 향해 중세의 교회법은 어떻게 하였는가? 그것은 면직과 파면이다. 어쩌면 우리도 교회 세습의 당사자들은 물론 이것을 눈감아 주고 용인해주는 자들을 향해 현직 대통령을 탄핵한 2017년 3월 10일의 헌법재판소처럼 주문해야 하지 않을까?

"주문 1: 피청구인 세습목사를 파면한다."
"주문 2: 피청구인 총회장을 파면한다."
"주문 3: 피청구인 총회 총대들을 파면한다."

참고문헌

1. 일차 자료

Codex Theodosianus Liber XVI cum constitutionibus Sirmondianis et leges Novellae ad Theodosianum pertinentes. Edition von Th. Mommsen und P. M. Meyer. Berlin: Weidemann, 1905. (CodexTheodosianus)

Constitutiones apostolorum. Hrsg. von Paul de Lagarde. Leipzig: Tuebner, 1862.

Corpus iuris canonoci 1: Decretum Magistri Gratian. Kritische Ausgabe von E. Friedberg. Leipzig: Bernhard Tauchnitz, 1879. (Decretum)

Luther, M. "Resolutiones disputationum de indulgentiarum virtute", D. Martin Luthers Werke. 1. Band. Weimar: Hermann Bohler, 1883, 522-628. (WA)

Mansi, G. D. Sacrorum Conciliorum nova et amplissima collectio. Tomes 1-31. Florentiae: Antonius Zatta Veneti, 1759-98. (Mansi)

Monumenta Germaniae Historica. Legum sectio IV: Constitutiones et acta publica imperatorum et regum. Tomus I. Hannover: Bibliopoli Hahnian, 1893. (MGH Conc)

Socratis Scholastici Ecclesiastica Historia. Tomis I. Edidit R. Hussey. Oxonii: E. Typographeo Academico, 1853. (Socrates)

Zwingli, U. "Eine freundliche Bitte und Ermahnung an die Eidgenossen", Huldreich Zwinglis Saemliche Werke, Hgg. von E. Egli und G. Finsler, Band 1. Berlin: Verlag von C. A. Schwetschke und Sohn, 1905, 210-248. (Zwingli)

칼빈. 존. 『기독교 강요: 경건에 대한 순수한 가르침』. 문병호 역. 서울: 생명의말씀사, 2009. (『기독교 강요』)

2. 이차 자료

Denzler, G. Das Papsttum und der Amtszoelibat. Erster Teil: Die Zeit bis zur Reformation. Stuttgart: Anton Hiersemann, 1973. (Denzler)

Heid, S. Zoelibat in der fruehen Kirche: die Anfaenge einer Enthaltsamkeitspflicht fuer Kleriker in Ost und West. 3. Auflage. Paderbonn, Muenchen, Wien, Zuerich: Ferdinand Schoeningh, 2003. (Heid)

Landau, P. "Eigenkirchenwesen", Theologische Realenzyklopaedie. Band 9, Berlin/New York: Verlag Walter de Gruyter, 1982, 399-404. (TRE)

Petke, W. "Die Pfarrei in Mitteleuropa im Wandel vom Frueh- zum Hochmittelalter", Enno Bunz/ Gerhard Fouquet(Hrsg.), Die Pfarrei im spaeten Mittelalter. Vortraege und Forschungen 77 (Ostfildern: Jan Thorbecke Verlag, 2013), 21-60. (Petke)

Reutter, U. Damasus, Bischof von Rom (366-384): Leben und Werk. Tuebingen: Mohr Siebeck, 2009.

강치원. "교회세습: 그 역사적 실상과 개혁의 흔적들 - 제2차 라테란 공의회(1139년)까지", 『장신논단』 제52권 1호 (2020년), 33-64.